□はじめに

たとえば、あなたが、「職場でこんなことがあって、今週は大変だったの…」と、友人に話したとき、その友人が、「へー」と反応したとしましょう。あなたは、この「へー」のあとに続く反応として、何を期待しますか?

その期待の中には、共感やねぎらいの言葉、あるいは、「いつもあなたはがんばっているよね」「それは大変だったね。体調は大丈夫?」「何か私にできることはある?」などといった励ましや、親身な態度が伝わる言葉があるかもしれません。

あるいは、「それで、それで」と、話を深く理解しようとする質問など、話してみて良かったと思える、温かみが感じられるような反応が含まれているのではないでしょうか。

このように、自分が期待している、本当に欲している反応を相手が理解してくれたら、きっと心地よい会話が続き、相手に対して信頼を持てるようにもなるでしょう。

一方で、同じ状況で、「へー」と言うだけで話が終わる人や、「私も同じようなことがあったよ」と、話題をさらって自分のことを話す人もいます。

さらには、「そんなのみんな一緒だよ」「そういうことって、よくあるよね」などと、軽く流され、「あなたも気をつけないとダメだよ」と、お説教や正論、不要なアドバイスまでもが返ってくるということもあります。

そのようなとき、胸の内では「もうこの人に大事なことを話すのはやめよう」という決断を下し、信頼感までがなくなる場合もあり得るのです。

したがって、会話の中で生じる反応によって、会話の質や方向性が変わり、相手との関係性に影響することは容易に想像できます。

会話の中で、いかに思いやりや敬いのある反応をするかによって、会話の流れと質が決まり、そこから築かれる信頼が、自分を取り巻く人間関係となり、その関係の中で私たちは一生を過ごすことになります。

自分が、どのような人生を過ごしていくかは、会話の反応に左右されると言っても過言ではありません。

そこで、本書では、会話の中における「反応」に焦点を当てながら、どのように会話をデザイン（組み立てる）することが重要かについて、シンプルで温かみのある考え方と、実践的でわかりやすい方法を紹介しています。

ところで、ここまで述べてきた、私が提唱している「反応」とは、単に言葉を発するという意味でも、賢いことを言うことでもありません。反応とは、相手の真意を引き出すための、徹底した聞く姿勢が土台となり、そこから引き上げられた情報をもとに、真心のこもった言葉や態度として表現することです。

たった一言の真心のこもった反応には、その人の理解力の高さと細やかな気遣い、そして、内面の成熟度などが凝縮されて映し出されます。つまり、コミュニケーションの反応こそが、その人自身を物語っているのです。

ところで、日頃から、「うまいことを言わなくてはいけない」「賢いアドバイスをすべきだ」など、自分を良く見せることにばかり気を取られ、プレッシャーに感じてしまうことはありませんか？

さらには、「相手の話を聞こう」ということはわかっていても、アイコンタクトやうなずき、相づちに必死で、肝心の質問の内容や、相手の答えたことにどのように反応したら良いかわからないということはありませんか？

私自身、実力以上に自分を良く見せたいと思えば思うほど、余計なことを話してしまい、相手の本意や、大切な情報を引き出せないまま、意味のない質問をして、相手から信用される機会を逃してしまうといった、悔しい経験が過去にありました。

しかし、そこから20年近くコミュニケーションコンサルタントという仕事に携わるようになり、それまでの後悔を繰り返すようでは、仕事として成り立たないという窮地に追い込まれ、試行錯誤してきたことで、指針となる、ある考え方に辿り着きました。

それが、次の3つのポイントです。

1.「シンプル」で「温かい会話ができる人」になる
2.「聞き上手」ではなく「良き聞き手」になる
3.「話し上手」より「反応力が高い人」になる

これらの3つのポイントで大切なことは、「聞き上手」「話し上手」「感じよく振る舞う」といった、自分本位の立場ではなく、自分と相手が互いに心地よく感じられるシンプルで温かいコミュニケーションが取れる立場を目指すということを前提としています。

シンプルで温かいコミュニケーションが取れるようになると、自然に説得力のある、わかりやすい話ができるという副産物となるスキルも身につくはずです。

本書に書かれていることは私のクライアントや研修に参加された方々にも実践してもらっていますが、相手と打ち解けやすくなったり、大事な話をしてもらえるようになったり、話しづらい内容を堂々と伝えて、協力してもらいやすくなるといった結果を出されています。

ただ、このような結果を導くために、ひとつだけ気をつけたいことがあります。それは、年齢や学歴、職歴などとは関係なく、誰もが、多少なりとも、賢くて、自信があるように見られたいという欲求を持ち、「自分は正しい」という決めつけや思い込みに気づかないまま、会話をすることがあるという特性です。

ですから、まずはそうした特性を客観的に理解するため、自分自身の会話への意識や言動の習慣を分解し、見つめ直してみることをおすすめします。そうして、あなたがこの先の人生で、どのような人たちに囲まれ、どのような人間関係を築きながら貴重な時間を過ごしていきたいかを想像してみましょう。

きれいな話し方や、「聞いているふう」な聞き方をして、オウム返しと、マニュアルのように決められた言葉を誰にでも繰り返し、賢そうで、感じよく振舞うための小手先のテクニックは、必要ありません。

シンプルで温かみのある真心のこもった反応を身につけることは、相手との間に、共感や信用を生み出し、より理想的な人間関係へと発展させ、人生を激変させるほどの一生ものの財産となっていくでしょう。

人生で出会う人や、人間関係を変えられるのは、今、この瞬間のあなたの行動なのです。

本書をきっかけにして、あなた自身の会話のデザインを再構築することで、今まで以上に、大切な人から信用され、特別な存在となるための大きなステップを踏み出していきましょう。

目次

［第2章］

「良き聞き手」になる会話のデザイン

［第3章］
「話し上手」ではなく「反応力が高い人」になる方法

【第1章】シンプルで「温かい会話」ができる人の特徴

自己紹介では「感謝」を示す

私たちは、社会生活の中で、自己紹介をするという場面を避けて通ることはできません。その頻度については人それぞれですが、誰にとっても相手との関係の第一歩として、大切な瞬間だといえるのではないでしょうか。

そんな自己紹介にまつわるエピソードで、私は大失敗をした経験があります。会社員時代を経て、20代半ばでフリーランスとして講師業を始めたばかりの頃に、とあるコミュニケーション系のセミナーに、受講者として参加したときのことです。

セミナー冒頭で、名前と職業、参加目的を自己紹介してほしいと講師に促され、10名ほど集まった初対面同士の参加者たちが、順に自己紹介を始めていきました。

ある会社員の受講者の方は、部下に信頼される上司になるためにコミュニケーション力を向上させたいと話していました。また、家族で飲食店を営む受講者の方は、こうしたコミュニケーションに関するセミナーは初めてだが、新しいことを学んで従業員間の関係性を強化したいなど、どれも具体的な参加目的ばかりで、それぞれの受講者の方たちの真剣さが伝わるものでした。

そして、ついに私の番となり、自己紹介で自分の仕事について話しているうちに、こうしたセミナーに「初心者」として参加しているわけではないという、小さな虚栄心が出てきてしまったのです。

すると、思わず、「どのようなセミナー内容なのかに興味があり、参加させていただきました」などと、生意気なことを口走ってしまったのです。

ありがたいことに、すかさず、そのときの講師の方が「おっと、そうでしたか。我々は襟を正さないとですね！　吉原さんの偵察には緊張しますが、何か役立つ気づきを持って帰ってもらえるよう講師を務めてまいりますね」と、笑いを交えながら真摯《しんし》に反応してくれました。

そのおかげで、場の空気が和らぎ、私の恥ずかしい生意気な失言を見事に対処してくれたのでした。

そのセミナーがスタートした時点ですぐに、**「虚栄心のある人への対応力」**という役立つ気づきを、講師から与えてもらえた結果となりました。今思い出しても、自分の未熟さに目を覆いたくなるような失敗体験です。

そもそも当時、私がそのセミナーに参加した目的は、講師と受講者間でのやり取りや、セミナーのプログラム内容とその進め方からヒントを得ることで、自分の講師力を向上させたかったからです。

つまり、私が参加目的として伝えるべきは「講師という仕事をして間もないこともあり、今日は、新しい知識はもちろんのこと、〇〇先生から、講師力についても学ばせていただきたく参加いたしました」といった内容だったのです。

あの頃の私のように「もうわかっている内容だ」「自分にも経験がある」などという傲慢な考えは、〝井の中の蛙　大海を知らず〟の状態でした。

□自分に自信がない人ほど、自分を大きく見せてしまう

言うまでもありませんが、単に「知っている」ということと、その知識を実践し応用し、着実な結果を出せていることとは違います。

また、たとえ知識や情報として、真新しいことをセミナーから得られなかったとしても、他者の意見と自分の意見を比較したり、物事をクリティカルに考える視点を持てたり、自分の考え方に確信や疑問を持つことで、アイディアを深めたり広げたりすることはできます。

さらに、講師やファシリテーターのセミナーを進行させる技術から、学習時の集中力についてのアイディアが生まれ、また、人との距離を近づけたり、遠ざけたりするコミュニケーションのヒントを豊富に観察できるはずです。つまり、まねしたいポイントのほか、反面教師としてのヒントも得られるのがセミナーに参加することのメリットだといえます。

かつての私のような自己紹介をしてしまう人には、他者から肯定的な評価を得ようとする賞賛獲得欲求と、他者からの否定的な評価を避けようとする拒否回避欲求というものが強くはたらいているのかもしれません。

「少しでも知的に見られたい」など、望ましい自分像を見せることを自己呈示《ていじ》欲求といいますが、この自己呈示に成功する確率が自分で低いと感じるほど、対人不安傾向が強いと示す研究結果があることにも納得してしまいます。

つまり、**自分に自信がないほど、自己紹介で自分を大きく見せようとする**というわけです。

過去の私のように、相手から尊敬されたいとか、自分が有能であると思わせたいなど、自分を実力以上に大きく見せようとしている自己紹介を客観的にみてみると、その必死さ自体が、かえって知性を低く見せてしまっていることに気づきます。

そんな苦い経験のある現在の私は、以下のシンプルなルールを自己紹介で徹底するようになりました。

1. 正直で正確性のあるシンプルな情報だけを伝える
2. 感謝の言葉を入れる

実際に、こちらのルールに沿ってシンプルな情報と、感謝の思いを言葉にすることで、一瞬にして、その場にいる人たちとの距離を近づけられることを実感しています。

たとえば「本日は、さまざまなご経験をお持ちの皆さまとの議論の中から、たくさんの学びを得たいと思っていますので、よろしくお願いいたします」と伝えられれば、相手を敬いつつ、学びに対する真摯な姿勢を感じてもらえるはずです。

加えて、自分の経歴を話すときには、聞き手の興味レベルに調節した内容であることもポイントです。

また、仕事ではなく、子供の学校の役員会での初顔合わせや、マンションの理事会で決定した新役員の最初の会合など、プライベートな場面があるとします。

そういう場では、あなたの輝かしい経歴を1から10まで紹介する必要はありません。ですから「数十年近く、建築業界で仕事をしてきましたので、建物の修繕や補強に関して、多少は、お役に立てるかもしれません」と、自分なりに貢献できそうなことをシンプルに伝えるにとどめておくと、謙虚で頼もしい人だという印象につながりやすいでしょう。

余計なプレッシャーを抱え込む必要はありませんが**「自分にできる小さなこと」を示せる人というのは、冷静に物事を判断できるセンスがある**ようにも見えます。

しかし、「私は大手ゼネコンでの経験が長く、史上最年少で課長職について以降、現在は300名の部下を抱えておりまして…」などと言う人は、〝肩書や権力にこだわる扱いにくそうな人〟というレッテルを貼られてもおかしくありません。

中には「私など、まったく何のお役にも立てませんが」と言う人もいますが、そこまで謙遜する必要はないので「皆さまとのご縁に感謝しながら、できる限り全力で務めていきたいと考えておりますので、よろしくお願いいたします」と、自己紹介ができたら素敵ですね。

自己紹介では、見栄を張り、目立とうとすることで、一瞬の注目を集められるかもしれませんが、その注目は、聞き手からの冷ややかな目線であることのほうが多く、なんらメリットはありません。

常に、その場にいる人たちに安心感を与え、何かを学び取るチャンスや、出会いに感謝する言葉を取り入れることに徹していけば、あなたの純粋な魅力を感じてもらえるはずです。そのような自己紹介をしたほうが、断然、その後の時間がお互いに過ごしやすくなるでしょう。

まとめ

- 自己紹介では正直で正確かつシンプルな情報に、感謝の一言を加えて伝えよう
- 「自分にできること」を簡潔に伝えることは、冷静に物事を考えられるスキルがあることをも示している

多弁なほど失うものがある

年代を問わず、初対面の人や、職場の人間関係の中で「何を話せば良いのかわからない」という悩みを持つ人は珍しくありません。

このような悩みを持つ人には、「(自分が)何を話すか」という、自分中心の立ち位置から、悩んでいるという共通点があるように感じます。

そのような考え方と並行して、対人コミュニケーション(相手が1名以上いる)の場面において、沈黙や、話が途切れる時間を不安に思い、「話し下手」「面白くない人」といった烙印《らくいん》を押されまいかと自分の印象や評価を心配している人も少なくありません。

ですが、ここで一度、考え方の角度を変えてみると、彼ら彼女らにはあたかも常に相手から、面白い話や、ためになる話などを求められているといった、思い込みがあるようにも受け止められます。

しかし実際のところ、**「自分が話さねば！」と必死になればなるほど、自分のことばかりを話すこととなり、聞き手はうんざりして疲れ果ててしまいかねません。**

たとえ、うんざりとまではいかなくても「そんなに必死にならなくてもいいのに」「話の勢いが激しくて引いてしまう」などと、感じている人もいるはずです。

あなたにも、聞き手、または話し手の立場で、このような経験が一度はあるのではないでしょうか。

ここで、仕事の場面で、自分中心の立ち位置から話すことについて、興味深かったエピソードの顛末を紹介させてください。

何年か前に、クライアントのＩさんに頼まれて、Ｉさんが創業した会社の新たなロゴマークを決定する会議に参加したときのことです。ちなみに、私が参加した理由は、Ｉさんが大切にしている企業理念、さらには従業員や顧客の方々への思いを知るコンサルタントとして、客観的な意見を述べてほしいというご要望があったからでした。

数社のデザイン会社によるプレゼンを見つつ、私はＩさんの会議中の言動にも注意深く観察していくことにしました。

結果的に、あるデザイン会社による案を採用することとなりました。この決定の過程には、デザイン自体はもちろんのこと、どのようなプロセスで導かれたデザインであるかという、デザイナーの説明と言動が大きな影響を与えていたことが明らかでした。

採用されたデザイン会社のデザイナーは、Ｉさんや、担当者の方々から事前にヒアリングした内容とキーワード、会社の足跡などを的確に引用し、依頼主側の価値観を軸にしながら、礼節を感じさせる言動に一貫したプレゼンを行っていました。

一方で、不採用だったデザイン会社のデザイナーは、同業他社との比較や、時代の流行、デザイナー自身の経歴や、デザインに対する私的なコンセプトなどを延々と語り尽くしていたのです。その中には、依頼主側の価値観に触れるようなキーワードは、ほとんど見当たりませんでした。

そのデザイナーの姿は、クライアントを置き去りにしたまま、どこまでも自分に酔いしれる「多弁な人」としてのみ完璧に映ってしまっていました。

ちなみに、多弁という言葉を、いくつかの国語辞書で調べてみると「よくしゃべること」「言葉数の多いこと。また、そのさま」などという意味が記されています。

□自分のことは「話さない」

多弁によってマイナスな結果を引き起こしてしまった、別のエピソードもご紹介します。

クライアントである人材サービス業に携わるSさんから「外部の研修講師に『コーチングスキル』のトレーニングを実施してもらっているが、参加する社員の満足度が上がらず効果が心配だ」という相談を受けたときのことです。私はその研修の動画を分析することになりました。

すると、研修を指導する講師が驚くほどに多弁だったため、社員自身が考え、身体を動かしながらトレーニングする時間がほとんどなかったことがわかりました。

研修に参加された社員アンケート調査でも「資料を読み、動画視聴で学べば十分な内容だった」「理論を学ぶことはできたが、もっと体験しながら学びたかった」といった意見が多数で、研修への満足度や効果にマイナスの影響を与えていたのでした。

その研修の動画を視聴してみると、講師が冒頭からいきなり20分間も話し続け、ようやくグループディスカッションができると思いきや、そこでも講師が各グループを回り「私だったら、こう思います」といった具合に、自身の意見を主張する場面が見受けられました。

すると、当然のことながらグループ内のディスカッションは中断され、社員同士の闊達な意見交換の場が妨害され続けていたのです。

こうしたエピソードからもわかるように、プレゼンテーターやファシリテーターという役割を持つ人が、自分本位のものの見方で話せば話すほど、本来の目的や、手に入れたい結果を遠ざけてしまうように思わざるを得ません。

それでは、どうすれば問題を解決できるのでしょうか？

答えはシンプルです。**自分本位のものの見方を脇に置き、自分のことなど話さなければ良いのです。**

人様に何かを伝えたいとき、あるいは説得するときには、質問を交えながら、相手の情報を丁寧にすくい上げ、必要なことを適切な分量、提案すれば、大抵のことは解決できるのではないでしょうか。

要するに、相手を最優先するというシンプルな前提を保てるか否かが、肝心なのです。

有効的な反応としては、「難しいと感じる最大の原因は何ですか?」「どうしたら、そのような柔軟性のあるアイディアが思い浮かぶのですか?」「それは素晴らしい気づきですね」「そのアイディアを24時間以内に実行するとしたら、まず何を計画したら良いですか?」などと、相手が主体性を持って考えられる質問やフィードバックをすることです。

次に、ひとつの事柄を話す時間を15秒で区切るトレーニングをしてみることもおすすめです。

たとえば、「仕事で失敗して落ち込む人に勧めたい映画について」「次の連休の過ごし方について」「20年ぶりに再会した友達に『今、どうしてる?』と聞かれたときの返し方」など、時間を計測しながら声に出して話してみます。

15秒という時間設定は、私たちが普段から見慣れているテレビCMの長さをもとにしています。この時間は、ちょうど飽きず、疲れずに情報を見聞きできる時間の目安として、多くの方が身近に感じられる時間と考えたためです。

この15秒の感覚をつかんでいくことで、15秒に1度は、話す内容に句読点の「。」を入れて話を区切る習慣がつき（5秒ないしは10秒に1度でも）、一度、相手に話題をふるなどすれば、相手の集中力を奪わず、話に巻き込みやすくなります。

こうした時間の制限意識によって、自分のことを長く話そうとしてしまう行動をコントロールする習慣が身についていくでしょう。

多弁な人は、話しているときに、どれだけの時間を使っているか考えることに慣れていない場合が多く、せっかく中身のある話をしたとしても、聞き手の心には「話が長い」「自分の話に酔う人」などといったインパクトのほうが、内容に比べて強く残る可能性があります。

さらには、聞き手は話を理解しようと頭（認知的な情報処理能力）を使い、またアイコンタクトやうなずき、相づちなどの身体的なエネルギーについても同時に消耗します。そのため、時間経過とともに、疲れを感じ、徐々に集中力や話を聞こうとする関心、意欲などが下がり始めても不思議ではありません。

多弁な人は、聞き手の時間やエネルギーを奪うだけでなく、相手からの信頼という、その後の関係性に不可欠なものを失いかねないリスクを自らが背負い続けていることに気づいていただきたいものです。

自分にとっても相手にとっても得られるものがない、自分を最優先する「多弁」という行為は、今すぐ見直し、短く、わかりやすい話ができて、相手を優先し、相手に話をふる余裕を持てる人を目指していきましょう。

さあ、できることから、早速、言動に移してみませんか。

まとめ

- 「自分が話さねば！」と必死になるほど、相手に聞くことを強要し、うんざりさせ、疲れさせてしまいがちである
- 質問を交え、相手の情報を丁寧にすくい上げ、必要なことを適切な量で提案すれば、大抵のことは解決できる
- 一つの事柄を話す時間は15秒でいったん区切り、相手に話題をふってみよう

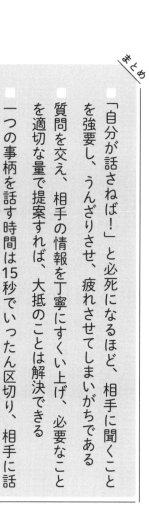

第一印象の評価は笑顔だけでは決まらない

私たちは、人と出会うとき、第一印象を頼りに、さまざまな情報を得ながら相手へのイメージを形成します。出会ったときに笑顔の人には「明るい人だな」「親しみやすそうな人だな」などと感じ、ニコリともせず、あいさつもしないような人には「感じが悪いな」「冷たそうだな」などと感じることもあります。

企業や組織の中で、あるいは業種や職種によっては「第一印象は重要なので、常に笑顔を作りましょう」と、指導された人も多いでしょう。

私自身、講師としてビジネスコミュニケーションに関する研修を行う際には、表情の印象評価についての重要性を説明する前に、実際に自分がどのように相手から見られているのか、ご自身の顔の静止画像や動画を活用し、客観的な視点で参加者の皆さんの気づきを促《うなが》すワークも取り入れています。

そうしたワークをしてみると、大抵の場合「自分で思っていたより、ずっと暗い表情だった」というご意見が多く、思い込んでいた自分の表情と、実際に他者から見られている表情の印象の違いに驚かれる人もいます。

最近の組織心理学における研究では「職場での第一印象は、即時の判断や行動反応に影響を与えるだけでなく、個人とそのキャリアに深刻で長期的な影響を与える可能性がある」とも示されています。

また、私たちは１００ミリ秒（０・01秒）単位という、**もはや察知することも困難なわずかな一瞬において、相手に対する信頼性の評価を第一印象として判断している**という興味深い研究結果まであります。

普段、私たちが誰かに抱く第一印象というのは、瞬時に判断され、そしてそのインパクトは強力で、長い期間にわたって影響を及ぼす場合もあると知っておくだけで、自分の表情に対して、より関心を持てるかもしれませんね。

接客業に携わる人でしたら一般的に、現場においては終始、柔和な表情をキープすることが求められています。しかし、無理やり笑顔を作ってみても、力が入りすぎて不自然な場合は、かえって相手を緊張させてしまう可能性があります。

就職面接や、初めてのクライアントとの商談などでは、相手に安心感を与えられるような柔和な表情が良いかもしれませんが、先に述べたように、うまく笑顔を作れない場合は、真剣な表情のままで、真摯に目の前の人と向き合えたら、それも印象として素敵だと私は感じます。

お伝えしたいのは、**どのような場面でも笑顔でいようとする必要はない**、ということです。「笑顔でないと、嫌われる」というのは、少し偏った考え方として、肩の力を抜いてみてはいかがでしょう。

人にはそれぞれ個性があり、外向性の人、内向性の人、自然に人と打ち解けられる人もいれば、嘘をつくのが上手な人までさまざまです。外見についても、顔の各パーツの大きさや形状、位置によって、笑顔が伝わりやすい人と、伝わりづらい人がいます。

そこで、今すぐご自身の顔の写真を撮影し、その印象を客観的に観察されることをおすすめします。それによって、「優しそう」「まじめ」「近寄りがたい」など、3つほどの印象をメモに書いてみます。

良いところには自信を持ち、改善点があれば、鏡を使って表情を動かし、目元、口元の変化を観察し、メイクをする人であれば、色や、色の濃淡を変えるなど、実際に試行錯誤してみると良いでしょう。

明るい表情を出したいときは、前歯が６本以上見えるような豪快な笑顔だけでなく、口元を軽く閉じて口角を２センチくらい上げてみるだけでも、だいぶ親しみを感じられる柔らかな印象を与えることができます。

まずは自分が無理なくできそうな、柔らかい印象を与えられる表情を徹底的に筋肉に覚えさせてみるのです。きっと、その表情があなたの魅力になっていくでしょう。

まとめ

- 第一印象は瞬時に判断され、長期にわたり影響する場合もあることを知っておこう
- 「笑顔を作らなくては」というプレッシャーは脇におき、「親しみやすさ」を感じられるあなたらしい表情を鏡で研究してみよう

相手の連れの人にもあいさつできる人は一目置かれる

「温かみのある人」「気配りのできる人」「気の利く人」など、あなた自身が、そのように周りの人たちから思ってもらえるとしたら、どのように感じますか？

これらの印象を持たれることは、単純に嬉しいことですし、「この人を信用してみようかな」「この人との縁は大事にしてみようかな」といった、良好な関係を築いていく上で、重要な決断のきっかけにもなるでしょう。

こうした冒頭に出てきた印象を与えたいとき、前もって表情や、あいさつをしようなどと準備ができている場合は良いのですが、意外に盲点なのが、相手の知り合いも含めたときの、咄嗟の対応場面です。

たとえば、あなたと友人のTさんが立ち話をしていると、偶然にもTさんの知り合いのBさんが通りかかり、互いに声を掛け合う場面を想像してみます。

あなたはTさんとBさんがあいさつをして、近況を話し始めるという状況の中にいます。そんなとき、あなたは何を感じるでしょうか？　おおよその方が、頭の中で、以下のような思いを張り巡らせているのではないでしょうか。

「この方（Bさん）は一体、誰だろう?:」
「自分はどうしたら良いのだろう?:」
「ふたりの会話はいつまで続くのだろう?:」
「会話に入るべきか？　それとも、聞いていないふりをすべきか?:」
「自分から自己紹介をすべきか?:」

要するに、あなたは立場として「私はどうしたらいいの!?:」と迷い、人によっては孤立感を抱くことさえあるかもしれません。

このような状況では、Tさんと、Bさんの言動が重要で、一目置かれるような人は、以下のような言動を自然に行います。

【Tさんの立場】

・あなたとBさんを順に紹介する（年齢や立場、そのときの空気感に合わせて順番は臨機応変に）

・あなたを置き去りにするような内輪ネタでの会話を避ける（あるいは短めに切り上げる）

・会話中のアイコンタクトの量は、あなたとBさんに均等に行う

【Bさんの立場】

・「はじめまして○○と申します」と自らあいさつする

・会話中のアイコンタクトの量は、あなたとTさんに均等に行う

・別れ際には「お会いできて嬉しかった」と、あなたとTさんに伝える

Bさんの立場の場合、くれぐれもTさんだけとのコミュニケーションに没頭することは避けたいですし、気恥ずかしいなどと殻に閉じこもらず初対面の人に対して「こん

にちは」「あっ、どうも」の一言や、柔らかな表情で会釈だけでも試してみると良いでしょう。

ただ、気をつけたいことは、ばったり会った相手が、気まずい人だった場合は、あえて全員の紹介をする必要もありません。そういう場合は、簡単にあいさつをしたら早々と切り上げ、その後、「さっきの人のこと、紹介もせず、ごめんなさい。そこまで親しくない人だったものだから」と、一緒にいる相手に伝えられれば、気持ちよく理解してくれるはずです。

また、相手の連れの人が、大人だとは限りません。子供の場合にも相手が大人のときと同様に、「こんにちは」と伝えて、名前や年齢を聞いて、「〇〇くんか、会えて嬉しいな。よろしくね」と、あいさつしてみるといいでしょう。また、「うわ、かっこいい帽子が似合っているね！」「今日は、ママとお買い物なの？」などと、話しかけることで、子供を安心させることができます。

中には、子供と接することに慣れていないとか、関心がないという理由で、子供を無視したまま、大人とだけ話を進めてしまう人もいます。しかし、子供の立場からすれば、自分は取り残され、大事にされていないとか、「ママ（パパ）を奪われた」という気持ちにさせてしまい、警戒心を抱かせてしまうこともあります。子供に対しても大人と同等に、丁寧で親しみを込めて接することを忘れたくありません。

咄嗟《とっさ》の言動にうまく対応できるようにするためには、相手に会った瞬間に、次のような3点について、頭の中で言語化して、状況を把握していくことをおすすめします。相手がひとりでいるときでも、誰かと一緒のときでも、考え方は同じです。

1. 相手の立場（属性・一緒にいる人との関係性など）
2. 何をしているか（仕事中、買い物中、急いでいる様子など）
3. これからどうするのか（移動中、バス待ち、駅のほうへ歩いて行く、帰宅中など）

たとえば、偶然にも、ひとりで歩いていた友人と、商店街で、ばったり会ったとしましょう。

相手を見るなり先ほどの3点を活用し、「1・小学生のお子さんの育児中の母親」「2・買い物帰り（食材がパンパンに入ったエコバッグを持っている）」「3・帰宅して夕食を作るはず」などと、状況や情報を整理します。

するとと、冷蔵が必要な食材や冷凍食品を買っているかもしれないし、お子さんがお腹をすかせながら待っていて、本人は急いでいるはずだと想像し、会話はすぐに切り上げようという心構えを持つことができます。

そして、帰り際には「荷物が重そうだから気をつけてね」「〇〇ちゃん（相手の名前）、車に気をつけてね。またね」などと伝えられれば、短い時間だったとしても、人情味を感じられるような再会となるはずです。そうした反応によって、あなたの存在が、相手の記憶に残っていくのです。

まとめ

- 偶然の出会いには、「あいさつ」「紹介」を徹底し、「話題選び」に気をつけよう
- 咄嗟の反応力を上げるには、瞬時に相手の状況を観察し、状況を知ることから始めよう

良い印象を与えるより「自分の話を止める」という決断が大事

以前、複数の企業の方が集まる懇親会でたまたま知り合い、会話をさせてもらったYさんという女性がいました。彼女は、社交的で言葉遣いが丁寧で、親しみやすい雰囲気を持っていました。

一見すると、Yさんは魅力的で、初対面で感じの良い人という印象を十分与える女性でした。ところが、話し始めてみると、私はとても疲れ始め、早く会話を切り上げたいと思うようになってしまったのです。

その理由は、Yさんが会話の中で、第三者の人たちの話ばかりをすることにありました。

たとえば、「お子さんはいらっしゃいますか?」「何年生ですか?」などと聞かれて私が端的に答えると、Yさんは「私の友人の弟さんご夫妻のお子さんも同学年で、中学校受験を控えていて…」と、私の知らない第三者についての話を3分以上も話し続けるのです。

ようやくその話題が終わったと思えば、今度は、「お子さんたちは、算数は得意ですか?」と質問されました。それについても端的に答え、「Yさんのお子さんは、いかがですか?」と、質問をふりました。

そして「いや、2年生くらいまでは成績が良かったのですが、学年が上がるにつれ成績が落ちてきてしまって」と言うので、「学年が上がるにつれて内容が難しくなってきますものね」と、私は反応しました。

すると「子供の友達で同じ塾に通うEちゃんという子がいて、その子の集中力がものすごくて…」と、またしても、私とは面識のない人の話題を延々と5分間も話していたのです。

Yさんは決して悪い人ではなかったですし、よほどその話をしたいのだろうと思い、私は穏やかな表情で、適度な相づちなどを入れながら、最低限の礼節を持って聞き役に徹していました。

しかし、私への質問は全て、自分が好き勝手に話したいことの伏線を敷いているだけのことだとわかり、それによってかなりの体力を消耗し、さすがに疲れて頭がクラクラしてきてしまいました。このように疲労感を抱くことで、話を聞く集中力は下がり、ストレスから「早く話が終わらないかな」と、そればかりを考えてしまったのです。

Yさんのように、社交的で、初対面の人とも、話がすらすらとできて感じの良さもあるというのに、相手を聞き役から解放する配慮がないまま、自分ばかりが好きなように話し続ける人は少なくありません。

結局、**感じの良さという印象を与えることができたとしても、そのことだけで「話していて心地いい人」「尊敬できる人」「付き合っていきたい人」などといった、信頼関係へ発展させることにはならない**のだと実感したのでした。

聞き役だった私の反応が「この人、きっとこの話題に興味があるのね」と、Yさんを勘違いさせていた可能性もあるかもしれません。ですが、相手がその話題に興味を持っていようと、なかろうと、実はあまり関係ありません。

聞き役の疲労感をおもんばかって、自分が話すのを止める決断をすることは、感じの良さを与えることより、はるかに重要な意味があります。

会話を通じて、互いの関係性をうまくつかめる人は、まずは、自分が話す内容や姿を、客観的に観察してみることです。

その際、気をつけることは以下の3点です。

・その話は相手にとって意味があるのか？
・自分ばかりが1分以上、話していないか？
・第三者のことより目の前の相手の情報（状況）を自分は知っているのか？

これらの問いを頭の中で答えてみましょう。すると、「自分が話したいだけで、相手にとってはどうでもいい内容だ」「今は5分しかないから、他人の話ではなく目の前の相手としかできない話題に集中しよう」「そういえば、相手について何も聞いていなかった」「自分の話を一方的に相手に聞かせているぞ」などと、気づくきっかけとなるでしょう。

第三者の話を当たり前のように長々としてしまう人は、目の前にいる会話の相手を置き去りにしていることに気づかず、気分よく自分の世界に浸っていると思われても仕方がありません。

相手を置き去りにする会話を見直し、会話の相手に合わせた話題選びや、話す長さなどを考慮できる人としての人生を歩んでいくことで、あなたの交友関係はより豊かさを増していくのです。

まとめ

- 相手を聞き役から解放する配慮を持つ
- 自分が話すのを止める決断をすることは、感じの良さを与えることより、はるかに重要な意味がある

人と会う前の「ふたつの準備」が会話の質を決める

何年か前に、日本を代表する某企業の社長A氏について、あるエピソードを聞いて仰天したことがあります。それは、某企業の社長で外国籍のB氏が、初めてA氏の会社に訪れた、重要な会議の日のことです。

もともと、A氏の企業側からの提案で会合することとなり、多忙を極める両社長の秘書たちで事前にスケジュール調整が行われ、ようやく会える日が決定したという経緯があったそうです。

そして会議の日、案内された社長室のドアを開けて流暢な日本語で「こんにちは。初めまして」と、笑顔で切り出し名前を伝えたB氏に対してA氏は、「外国人だったんだ」と、反応したというのです。

その話を聞いて、私は思わず耳を疑いました。その後、A氏は自己紹介をすることもなく、本題に入ったそうですが、その会議の内容について、A氏と部下たちとのコミュニケーションがうまく取れていないことや、議題のビジネスプランに関してのA氏の知識不足も露呈し、結局、その後、両社はうまくコラボレーションすることができずに終わってしまったとのことでした。

A氏のように、日本を代表するような企業を背負う社長という役職に就く人物であれば、それなりの実績があり、大きな組織のトップとして多角的に優れた能力を持っている方であることは想像できます。

ただ、「外国人だったんだ」という言葉が、どれほど無礼であるかを理解せずに発言してしまう人物がトップであることは、老婆心ながら心配になってしまいます。

その理由は、そうした人が、企業の収益や国際社会への展開につながるような重要な会話で失言を繰り返し、不信感を相手に与えるリスクはもちろんのこと、そうした経営者をそばで見ている優秀な社員たちが「社長がこのレベルでやっていけるのか」と、離れていく可能性すら無視できないからです。

全ての企業経営陣は、無礼な言動が、企業から優秀な人や良質なアイディアを逃してしまう要因となり得ることを理解し、用心する必要があるはずです。

無礼さがビジネスにおいて、人間関係や収益、ブランド価値などに、いかに大きな悪い影響を及ぼしているかは、アメリカのビジネススクールで「職場の無礼さ」を研究しているクリスティーン・ポラス氏によるベストセラー『Think CIVILITY「礼儀正しさ」こそ最強の生存戦略である』（東洋経済新報社）の中でも、明確な論拠とともに示されています。

□人と会う前の準備の手間を惜しまない

大切なアポイントメントの前には、最低限の準備を行い、自分の立場や役割に対する高い意識を持って臨むという人は読者の方の中にも多いでしょうし、先ほどのような、仰天するような事例は他人事に感じる方もいらっしゃると思いますが、念のため、人と会う前に何が必要かについて整理してみましょう。

それでは、まず会う前に、以下のふたつの準備を行います。

1. 感謝の言葉を用意する

相手が自分と会うためにどのくらい移動（時間や距離、移動手段の手間など）し、準備し、時間を作ることに労力を使ってくれたのかを算出し具体的に想像する。

その上で、相手があなたに会うまでの過程をイメージし、その状況を引用しながら言葉に出して感謝を伝える。

以下に、いくつか例を挙げます。

「電車の乗り継ぎが多かったでしょう。それにもかかわらず、今日はありがとうございます」

「渋滞がひどかったでしょうに、お越しくださりありがとうございます」

「昨日まで、出張で大阪にいらしたみたいですね。ご多忙の中、お時間を作ってくださり本当に感謝です」

「先週まで、展示会があって、社員の皆さんも早朝から大変だったと思いますが、これだけの資料を準備してくださり、今日はありがとうございます」

2. 関心の言葉を準備する

それまでの相手とのやり取りや、会社や個人のSNSなどの情報をリサーチし、「過去」「現在」「近い未来」という時制ごとの情報を把握しておく。

たとえば、「前回、お会いしたときに、趣味で釣りを始めたと話していたけれど、その後、どうなっただろう?」「会社の公式サイトの社員紹介のプロフィールによると、Aさんは福岡県出身で、学生時代は大学まで陸上をしていたと記載があるが、厳しい練習に耐えてこられて、勝負の世界に生きてきた人なのだろう」「銀行員として10年勤務し、会計事務所に転職して会計士の資格を取得して会計事務所を開業されているのか。目標を持って着実にキャリアを歩んできた人なのだろう」「趣味は洋画鑑賞とあるから、好きな映画や、最近観た映画について聞いてみよう」「既にAI関連のスタートアップ企業との関わりがあるみたいだから、具体的な展望を質問してみよう」など、情報から人物像をイメージし、実際に質問したいことを3つ以上は、準備しておく。

要するに、人と会う前に、こうした準備に注力していること自体が、礼節のある態度の出発点となっているのです。それは**コミュニケーション能力という側面のみならず、**

綿密な計画性と、実行力のある人だという客観的な判断基準をクリアしたとも、言えるのではないでしょうか。

相手について知ろうと、なんらかの準備をするとなると、それなりに時間を要します。相手を知るということは、それだけ手間がかかることなのです。ただ、そうしたひと手間をかけない人は、どんなに明るく感じ良さそうに振る舞えたとしても、「うわべだけの人」として、見透かされてしまうのかもしれません。

人と会う前には準備に手間をかけ、それを具体的に伝えて相手を歓迎することができる人は、同じように、相手からも歓迎され、重要な人として接してもらえるのです。

まとめ

- 相手に聞いてみたいことを会う前に3つは準備しよう
- 会う前の準備という「ひと手間」を惜しまないことが、既に礼節にかなう態度として映っている

話したいことを止めるスキルを身につける

あるカフェで、数年ぶりに会う友人たちと食事をしていたときのことです。

私たちのテーブルに女性店員の方がやってきて「やっぱりKさんだ！　こんばんは」と、気持ちが和む素敵な笑顔で、友人のひとりに話しかけてくれました。ふたりは軽くあいさつなどを交し、女性店員は「実は私、来月いっぱいで退職することになりました」と、言いました。

その彼女の表情や言葉の間合いには、「理由を聞いてほしい」「この件について話したい」という思いを強く感じさせるものがありました。私の友人は、丁寧に話を掘り下げてあげたい気持ちがあったようですが、一緒にいる私たち友人との話を中断させるわけにもいかず戸惑った様子でした。

そこで友人は、「それは寂しくなるけれど、来月にまた来店させてもらうので、またそのときにお話を聞かせてくださいね」と伝えて、彼女との会話に区切りをつけたのでした。友人は「彼女には申し訳ないけれど、この状況で話そうとしていたのはちょっとね……」と、少しがっかりしていたのです。

その女性店員が友人のことを慕っていたことはわかりますが、その会話のやり取りだけを切り取ると、自分のことを話したくて、状況判断が甘い（お客様が友人と一緒にいる場面）振る舞いだと勘違いされかねず、本人が非常に損をしていると感じざるを得ませんでした。

実際に、私も客室乗務員として働いていた20代の頃、先ほどの彼女と同じように相手の状況を考えず、自分が話したいことを、話したいタイミングで話し始めてしまい、先輩から注意されたことがありました。

たとえば、お客様から見える機内の場所で、「実は、先日〇〇さん（同僚）から、忘年会の件で面白い提案がありまして……」と先輩に話し始めると、「そういう話は、フライトが終わってからにしましょうね」と、注意を受けたのです。

当時の私としては、機内のサービスもひと段落したのだから、ちょうどいいタイミングだと思ってのことでしたが、よくよく考えてみると、先輩のおっしゃる通り、仕事が終わってからでも十分に話せる内容でした。

しかも、フライト中は、客室乗務員を呼び出すためのパスコール（アームレストについているボタン）が点灯したり、機内のトイレに慣れない乗客がドアの開閉に困っている場面もありますし、急な乱気流が起こる可能性もあります。つまり、客室乗務員は、常に機内の様子を注視し続ける必要があります。

このように、話す場面や、タイミングを見極められなかった自分の未熟だった過去の経験から、現在は、話したいことが頭に浮かんでも、2秒ほど時間を取って「この話は『今』する必要があるのか」「相手は自分の話を聞ける状況なのか」と、瞬時に確認する習慣へと変わっていきました。

話したいことが思い浮かんだとき、それを止める（「一旦停止」のイメージ）ことができるようになると、適当な場面やタイミングで話ができるようになり、相手がじっくりとこちらの話を聞いてくれるチャンスが増えていきました。

それもそのはずです。なぜならば、「今は話しかけないでほしい」「なぜ、こちらが立て込んでいるのに話し始めるのだろう」「このタイミングでは迷惑だ」などと、聞き手に余計なストレスをかけなければ、大概の聞き手は安心し、余裕を持って会話に対応できるからです。

簡単なことのようですが、普段の生活の中のあらゆる場面で、聞き手にとって適当な場面とタイミングで話しかけられない人は、意外と多くいるように感じています。

□自分よがりの反応は控える

２０２３年、コロナ禍が少し落ち着き始め、マスクを着用する人たちが激減した時期に、仕事の打ち合わせで利用したカフェでのことです。その際、ドリンクを持ってきてくれた店員の方がマスクを着用されていました。

私は彼女に、「お店のスタッフの皆さんは、マスク着用がルールなのですか？」と、好奇心から尋ねてみました。

この質問に対して私が勝手に期待していた相手の反応は、次のような15秒ほどの内容でした。

「そうですね。私たちは、まだマスクを着用しようということになっております。ただ、マスクを着けなくても安心できる日が、早く来てくれたらいいなと思っています。それでは、どうぞ、ゆっくりとお過ごしください！」

ところが、その店員の方は、先ほどの期待していた内容に近い答えをしたのち、「息子の通っている学校では……」と、お子さんの学校の話にまで広げてしまい、結局、1分近くも話し、私も同席していた方も、話を聞き続けることになってしまったのです。

そもそも、私が質問しなければ良かったといえば、それまでです。私としては、カフェのスタッフと客という関係性や状況のやり取りにおいて、どの程度の反応の長さが適しているのかを、彼女が理解しているであろうと予想をしていました。しかし、実際にはそうではなかったことがわかり、少し残念でもありました。

自分から話を始めるときだけでなく、質問されたときにも、まず「**自分の話は相手の時間を使い、『聞く』という労力を課す**」という、相手の立場から見た想像が会話の出発地点であることを確認したいところです。

それでは、接客場面のみならず、半年ぶりに会う友人との会話を思い浮かべてみましょう。相手が「久しぶり！　新年会で会って以来だよね。どう、最近も忙しくしているの？」と、あなたを気遣い、質問してくれたとして、それに反応するための大事なステップを見てみましょう。

ステップ1．気にかけてくれたことへの感謝

「おかげ様で、なんとかやっているよ」
「ありがたいことに、忙しいけれど、元気だよ」
「お気遣いありがとう」

ステップ2．質問の答えを一旦、ポジティブに15秒でまとめる

1に続いて「そういえば、会社から徒歩15分のアパートに先週、引っ越したから、自転車通いになって、前の電車通勤と比べて今は快適だよ」

ステップ3．相手を気遣う

2に続いて「〇〇（相手）は、最近どう？」「確か、前に会ったとき、通勤帰りに駅の階段を踏み外して足を捻ったよね。その後は、大丈夫？」

ステップ3までの一連の会話の流れは、あくまで参考例です。このほかにも無限に反応の仕方はありますが、ここで理解していただきたいことは、自分よがりの反応は、控えてみるということです。

また、仮に自分や家族の深刻な健康状況や経済状況などの話をしたい場合には、ステップ2の時点で「今日は、少し深い話をさせてもらいたいのだけどいいかな？」「実は、どうしても〇〇（相手）に相談したいことがあるのだけど、聞いてもらえるかな？」などと、事の深刻さをあらかじめ相手に伝えて、「聞いていただけますか？」という姿勢で、一度、尋ねてみることをお勧めします。

そのほうが、唐突に話し始めるよりも、謙虚な態度で提案できる話し手であることが伝わり、聞き手側は「ちゃんと聞こう」「頼りにしてくれているのだ」などと、感じやすくなるためです。

「自分の話を、ちゃんと聞いてほしい」と思えばこそ、話す場面やタイミング、話し始めに気を配り、自分が話すことを止める（一旦停止）するスキルを磨いていける意識を持てるといいでしょう。話し手の態度と言動にこそ、相手に心地よく話を聞いてもらえるチャンスを手にできるか否かが、かかっているのですから。

まとめ

- 「自分の話は相手の時間を使い、『聞く』という労力を課す」という事実を理解しよう
- 話したいことが浮かんでも、2秒間「一旦停止」することで話しかける絶好のタイミングをつかもう

親しみやすさと馴れ馴れしさは紙一重

私の知人Tさんが、ご友人の結婚式の披露宴で出会った、ホテルの接客係の男性の発した一言についてのエピソードを教えてくれました。

それは、新郎新婦がお色直しで退室したあと、会場内の和やかな談笑中のことです。1歳半のお子さんを連れていたTさんの席に、30代前半と思しき男性の接客係の方が、「何かお子様に飲み物をお持ちしましょうか」と聞いてくれて、Tさんは、「氷なしの冷たいお水をお願いできますか?」と、伝えました。

すると、接客係の男性は第一声で「なかなか難しい」とだけ答え、その反応を一瞬で理解できずに「えっ?」と言うTさんを、男性は気にかけることもなく素早く立ち去ったそうです。

ちなみに、そちらのホテルはスタイリッシュでシンプルな内装が施され、働くスタッフの皆さんの平均年齢は20～30代前半くらいで、ホテルを利用されるお客様も同じ年代の方が多いとのことでした。

こうした若い世代の人たちが多いホテルの雰囲気とは関係なく、接客の会話の中で先ほどのような言い回しを聞くと、少々、違和感を覚えます。

「なかなか難しい」という言い方は、家族や親しい仲間におけるやり取りでは許されるかもしれません。しかしながら、敬語にもなっていない上に、「面倒な注文を受けてしまった」という本心と、「あなた、どれだけ面倒なことをお願いしているのですか」と、相手に言わんばかりの否定的で、攻撃性すら含んだような、なんとも後味の悪い表現のように思えてしまいます。

そもそも、Tさんの注文内容が、そこまで面倒な内容だったとは思えませんし、注文を受けた際には、「はい、かしこまりました」「ストローもお持ちしましょうか?」などとシンプルに反応するだけでよかったのではないでしょうか。

もしかしたら、その男性は「かしこまりました」と反応するより、お客様と近い距離感を演出するための一言のつもりだったのかもしれません。

男性の真意はわかりませんが、仮に、そうした接客に自信を持っているとすれば、相手との距離感を見誤った稚拙な接客だと思われ、もったいないなと感じてしまいます。

また、販売員がお客様と接する場面や、上司や先輩など、自分よりも目上の人が、クスッと笑えるようなおかしなことを言ったときに、「おいおい」「なんだそりゃ」などと、お笑い芸人のいわゆる「ツッコミ」のように、反応する場合もあると聞いたことがあります。

たとえ、互いに話が弾み、和やかな会話の流れになったとしても、単に言葉を崩すことで相手との距離感を縮めようとすることには注意が必要です。

表現や、相手との関係性によっては、「馴れ馴れしい」「図々しい」「失礼だ」などと思われてしまうことを心得ておきたいですね。

先ほどの事例では、相手や場面によっては「もう『おいおい』ですよ」「『なんだそりゃ』とツッコみそうになってしまいました」などと、文末には敬語を使うなどすれば、馴れ馴れしさを多少はフォローして、互いに笑い合える場合もあるかもしれません。

あるいは、「部長のお話を思い出して、明日の会議で思い出し笑いをしないよう気をつけます!」「段取り力をそのようなことにまで生かされているとは、さすがです!」などという反応でしたら、親しみやすさと並行し、最低限の礼儀を自然に保てるでしよう。このように、親しみやすさと、馴れ馴れしさは違います。相手と状況、そして自分の立場や、相手から求められている自分の役割を瞬時に割り出し、自分なりに表現することが大切です。

親しみやすさには、常に相手への敬意があることが前提です。お互いが親しみやすさを持てば、気分よく距離感を縮められる魅力となります。しかし、親しみやすさに敬意がない場合は、それは単に稚拙で利己的で、図々しいと思われることもあるのだという緊張感を持っていたいものですね。

まとめ

- 話が弾み、和やかな会話の流れになったとしても、単に言葉を崩すことで距離感を縮めるのは失礼である
- 親しみには敬意が込められているが、馴れ馴れしさには自分本位な考え方が詰まっているから気をつけよう

本をプレゼントされたら気をつけたいこと

現在、本を書くという仕事をさせてもらっている私ですが、仕事でもプライベートでも、実は誰かに自分の本を差し上げることを極力、控えています。

なぜなら、本を贈ることは、相手に「読む時間」を押しつけてしまうことにもなるからです。

本をプレゼントされた場合、送り主が尊敬できる人だったり、その本が、自分の好きなジャンルの本だったり、もともとその作家のファンであるなどの理由があれば、最高のプレゼントになるでしょう。

ですから、本をプレゼントすることを否定するわけでは決してありません。ただ、食べ物や、洋服などのプレゼントとは異なり、贈り手にどのような思いがあるにせよ、相手に「読む」という時間と労力を課してしまう本のプレゼントには、気をつけています。

本のプレゼントといえば、もう10年以上前の話ですが、私のブログの読者の方が、私宛に本を送ってくれたことがありました。

私も好きだった作家のご著書と一緒に同封されていた手紙には「吉原さん、最近、ご多忙で、お疲れなのではないかと思いまして、私の好きな作家の詩集を贈らせてもらいます。よろしければ、リラックスした時間をお過ごしください」といった内容で、読者の方の温かみのある手書きのメッセージが書かれていました。

気持ちが軽くなるような詩集を読みながら、なんてありがたい心遣いなのだろうと感激した記憶がよみがえります。

また、その詩集は読みやすい構成で、文字のフォントが大きく、全体のページ数も少ない単行本だったため、「読む」という行為にストレスを感じることはほぼありませんでした。恐らく、読者の方は、読みやすさの点についても考慮してくださったのではないかと想像しました。こんなふうに、本を贈れる人になれたら素敵だなと感じ、私自身もまねできたらと勉強になる経験でした。

さて、一般的に、誰かに本をプレゼントしたいと思うとき、その先には「本を読んだあとの感覚」を感じてほしい、という思いが込められていることが多いのではないかでしょうか。

たとえば、小説や、写真集、古典的な文学作品、語学のスキルを上げられそうな参考書まで、「あの人に役立ちそうだ」「きっとあの人の好みだ」などと、相手のことをいろいろと想像した上で、贈り手は、一冊の本に気持ちを込めて選んでいるのでしょう。

つまり、本というプレゼントには、贈り手に深い思いがあるからこそ、読了後の感想を相手からもらうことを期待してしまうことも考えられます。きっと、好きな音楽や、映画やドラマを誰かに紹介したあとの感覚に近いのではないでしょうか。

「あの人、贈った本について、どう思ったかな」「あの物語を読んで（視聴して）何かのヒントになったかな」など、作品についての感想が知りたくなってしまうのは、自然なことでもあります。

実際に私も、過去に知人から頼まれて、自分の本を何度か差し上げたときに、相手からの感想をどこかで期待してしまいました。

頼まれたからとはいえ、自分の判断で本を差し上げたにもかかわらず、その後、本が手元に届いたかどうかさえ連絡がなく、何の感想も言ってもらえないと「迷惑だったのかな」「（本を読みたいという言葉は）本意ではなかったのかな」「一言くらいあってもいいのに」などと、少なからず不安や失望感を感じたものです。

これは、自分の書いた本に限ったことではなく、自分にとって大事にしているバイブルのような本を、相手に元気になってほしいとか、応援したいというときに贈り、紹介したときにも同じことがいえます。

そのため、自分が書いた本は、できるだけ人へ贈らないようになりました。また、自分が書いた本以外で、本を差し上げたい場合には、相手からの感想を期待しないためにも「ご負担になりませんように」「好きなときに、好きなように感じてもらえたら」といった、メッセージを添えるようにしています。

□感想を早く丁寧に伝えることの重要性

他方で、大切な人から本をプレゼントしてもらったり、なんらかの動画を紹介してもらい「これ本当に面白いから貸してあげるよ」などと、本やＤＶＤなどを借りることになった場合、その後、すぐにお礼とともに、一言でいいので真剣に考え抜いた感想を伝えることも徹底しています。

もし、本を読むまでに時間がかかりそうなときは、まずは早い段階で「届きました。

ありがとうございます！」とお礼を伝えます。そして、「時間に余裕がある時に、じっくりと読ませていただくのが楽しみです」などと、一言、伝えておけば、お互いに、待ったり、待たせたりというプレッシャーやストレスがなくなるかと思います。

本を読み終えたあと、余裕がなければ「面白かった」「素敵だった」などという率直でシンプルな感想でも、何も伝えないよりは良いでしょう。

ただ「実は、読む前は自分には難しいジャンルだと思い込んでいましたが、読み始めたら引き込まれ、あっという間に読み切ってしまいました」「この作家の文章はわかりやすくて読みやすく、優しい気持ちになれるストーリーに感動しました。別の作品も、ぜひ読んでみたいと思います」など、あなただからこそ感じたことを伝えてみたら、きっと贈り手は、あなたのことを、大切にすべき人物であると、より強く感じてくれることでしょう。

真剣に感想を伝えることは、実はとても頭を使う作業で、大変で面倒なことのはずです（私は、大切な人へ一件の感想を送るのに、数時間かかることもしばしばです）。

けれども、そういう労力を使って感想を伝えるほど、相手を大事にする姿勢が言葉の端々から滲み出て、そうしたことが、信用できる人物であると認めてもらえるきっかけになっていくものだと、これまで経験の中で、何度も学んできました。

「感想を早く丁寧に伝える」ということは、どれだけ相手を大事に考えているかのバロメーターとして伝わる、人間関係に直接的に響くほど、大切な礼儀であるといっても過言ではありません。

本に限ったことではなく、温泉旅行のお土産でもらった温泉まんじゅうについても、「柔らかくて餡の優しい甘みに癒されました」「温めて食べてみたら一層、おいしく感じて幸せな気分を味わえました」などと、喜びが新鮮に伝わるような感想とお礼ができる人を目指していきたいですね。

本の感想という面倒な作業にもかかわらず、すぐに丁寧な感想が伝えられる律儀な人には、「またこの人に何かしてあげたい」という、チャンスが途切れることなく訪れます。

まとめ

- 本を贈る人の思いを具体的に想像してみよう
- 一言でもいいので、すぐに感想を伝えられる律儀な人には、次のチャンスが訪れる

信頼は血の通った会話でしか得られない

この数年の日本の夏といえば、猛暑日が続き、外は灼熱《しゃくねつ》の体感温度なのに、室内は体が冷えるほど涼しい場所もあります。そこで、冷房対策などで重宝しそうな大判のストールを探しに、百貨店へ立ち寄ったときのことです。

いくつか商品を見せてもらうこととなり、そこでは男性店員の方が接客をしてくれました。制服をきちんと着こなしたその男性店員は清潔感もあり、まじめそうという第一印象を受けました。

ところが、ニコリともせず、鋭い眼光で「いらっしゃいませ」と言う男性からは親しみやすさを一切、感じることはできず、「冷たい人」「プライドの高そうな人」というインパクトのほうが強烈だったのです。

まあ、このくらいのことは気にせず、私自身は久しぶりの百貨店での買い物を楽しもうと、早速、ワクワクしながら商品を見せてもらうことにしました。

その男性店員は、私が商品についてほかの色や、素材などについて質問をすれば、そつなく答えてはくれるのですが、一問一答のように一言だけ答えるので、その後、ぴたりと会話が途切れてしまうところが気になりました。

相変わらず、笑顔のない鋭い目つきからは、まるで監視されているかのような窮屈さがあり、血の通った「会話」というものが成り立たないぎこちなさの中で、私は商品を淡々と選ぶしかありませんでした。


もしかしたら「お客様に立ち入らないほうが、きっとゆっくりと商品選びをしてもらえるはずだ」「聞かれたことだけにシンプルに答えるべきだ」など、男性店員からすれば、気遣いのつもりだったのかもしれません。

その店員の方は最低限の受け答えはできますし、会計はスムーズに対応してくれたわけで、大きな迷惑を被ったなどということはなく、無事に大判のストールを買うことはできました。

ただ、彼が、そうした仕事の基礎となる土台を持っているにもかかわらず、互いの距離感が一向に縮まることのない会話によって、「ほかの商品も見てみようかな」といった購買意欲や、その後、店員として、お客様に指名されるような潜在的なチャンスを遠ざけてしまっているように見えました。

□努力なしでは「そこそこ」の関係性しか手に入らない

結局、気に入った商品を購入することはできましたが、血の通わない会話というものは、こんなにも人の気持ちを冷めさせ、縁を断絶してしまうきっかけになるものなのかと、改めて感じたのでした。

もし、あのとき私に時間の余裕があれば、感じの良い店員に接客してもらえそうな、別の店舗で買い物をしたでしょうし、「今すぐ買いたい」ということでなければ、オンラインショッピングも可能でした。

たまたま接客してくれた店員の方の接し方によって、気分よく買い物ができる場合も多いですが、気分がまったく上がらない店員の方に接客を受けて購入し、余計なストレスを感じるなんて、こりごりな話です。

特段、クレームに発展するようなことではありませんが、「もう二度と、お目にかかることはないだろうな」と、思いながら男性店員にお礼を伝えてお店をあとにしました。

私が伝えたい**「血の通った会話ができる人」とは、観察力を駆使して言葉や内容を選んで話をする**人で、「この人は、私だけを見て話している」「真剣に向き合ってくれている」「自分のためだけに提案してくれている」などと思わせる、安心感や信頼感を醸《かも》し出しています。

それとは異なり、血の通わない「相手を冷めさせる会話をする人」は、相手への関心や敬いを示せないまま、単に自分のしたいように振る舞い、話したいことを、話したいタイミングで話している人を指します。そのような会話では、相手に親しみを感じさせることができず、互いに理解し合えるきっかけを逃してしまいかねません。

そういったコミュニケーションで人と接している人たちの中には、「一応、話は聞いている」「最低限の対応はしているはず」などと思い込んでいる人がいるかもしれません。しかし、仕事の場面においては、水面下でマイナスにしかはたらいていないことがほとんどだといえるのではないでしょうか。

会話時間の長さに関係なく、大切な相手と会話するときには、まず目を見て（凝視ではありません）、相手に出会えたことや、時間を作ってもらえた感謝を言葉で伝え、親しみや心遣いを感じてもらうことが出発点です。

そこから、接客を例にとって、以下のような反応と、相手を安心させられるような態度（柔らかい表情、適度な話すスピードなど）を実践できれば、誰でも簡単に発展性のある会話や関係性を築きやすくなるでしょう。

「猛暑が続く暑い中、お越しくださいまして、ありがとうございます」
「大切なお荷物は、よろしければこちら（お客様より先にイスやテーブルなどを案内する）へどうぞ」
「今日のファッションと、お客様の髪のお色でしたら、こちらのデザインのベージュはとても映えますね」

相手への観察を通して、瞬間的に気づいた鮮度の高い言葉を捻り出す作業には、それなりの労力が伴います。

そうした労力を惜しまず、少しでも相手の役に立ちたいとか、喜んでほしい、などという思いと態度を貫く人にのみ、信頼を得られるチャンスが訪れるのです。

相手との距離を縮める努力や工夫を試さない限りは、「そこそこ」の関係性しか手に入れられないのかもしれません。自分の思い込みや決めつけと決別し、相手の役に立とうとする努力と工夫を、反応を通して、惜しみなく出していきたいものですね。

まとめ

- 血の通う会話によって「ほかの商品も見てみようかな」といった購買意欲や、その後、店員として、お客様に指名されるような潜在的なチャンスを引き寄せられる
- 相手への観察を通して、鮮度の高い言葉をひねり出す作業を労を惜しまず続けよう

【第2章】

「良き聞き手」になる会話のデザイン

「聞き上手」を超えた「良き聞き手」を目指す

仕事でもプライベートの会話の中でも、「うなずきながら話を聞く」「相づちを打つ」「相手の目を見る」などのことを、相手の話を聞くときに意識している人、また、そうした情報を「知っている」という人は、たくさんいらっしゃるのではないでしょうか。

確かに、こちらを見てアイコンタクトを取りながら、適度にうなずいてくれて、「はい」「なるほどね」などと相づちを打って話を聞いてくれる人と、まったく反応せずに話を聞いている人がいるとすれば、前者のほうが「ちゃんと聞いてくれているな」と、感じられるのは一目瞭然です。

「この人は、ちゃんと話を聞いてくれている」と感じることで、その相手に大事な話をしてみようという勇気が持てますし、役に立ちたい、協力していきたいという感情が湧き始めるものではないでしょうか。次第に会話の内容を深めていくことで、信頼となり、互いの関係性が作られていくことが想像できます。

もちろん、「話がおもしろい」「説明がわかりやすい」などと思われることも大事かもしれません。しかし、そうした**話し方のスキル以上に、自分の話を相手がどのように聞き、受け止めてくれているのかといった態度のほうが、大事なときがあります。**相手は自分にとって、信用に値すべき人物か否かを、私たちは会話の中での相手の「聞き方」を通して判断しているようにも感じます。

アメリカの心理学者のマタラッツォ氏の研究（1964）によれば、面接の場面における面接者のうなずきが、面接を受ける人の会話量を増やすことを明らかにしています。

あらゆる会話の場面でこれと同じことが言えないまでも、まったく反応せずに相手の話を聞く人に比べ、うなずきや相づちを適度に打つ人のほうが、話し手から得る情報の量が多くなるため、会話の質が高まり、会話を通して、互いの距離を近づけるきっかけをつかみやすいとも言えそうです。

こうした、うなずきや相づちといった反応のほか、目線や表情の動きなどは、非言語的な行動として、会話の中で「あなたの話を、ちゃんと聞いていますよ」といった『聞き上手』と示す条件を満たす要因のひとつになっています。

ただ、たとえあなたがうなずきや相づち、アイコンタクトをしながら話を聞いているとしても、それだけで話し手が満足し、あなたが話し手の言い分を理解できているかといえば、それはまた別の問題です。

むしろ、先ほどのような非言語的な行動を用いた「聞き方」が完璧ではなくても、相手の話したことを的確に解釈し、気持ちを理解して共感し、聞き手に安心感や信頼感を与えられる反応ができる人であれば、最終的には本物の『良き聞き手』となれるはずです。

□「良き聞き手」と「聞き上手」の違い

一見すると、うなずきも相づちもアイコンタクトもできて、慣れた感じで話を聞いていても、話し手がひとしきり話し終わると、「へー、そうなんだ」というだけで、共感やねぎらい、関心などを表す一言さえ言わない人がいます。これでは軽い聞き方をしていることがあからさまです。

そのほかにも、相手に質問して話を深めたり、広げようと工夫をしない人もいます。こういう人と話をすると、なんと浅い聞き方なのだろうと落胆し、深い話ができるほど信用できる相手ではないと判断する人は少なくないでしょう。

もしあなたが、指に絆創膏《ばんそうこう》をしていて、「どうしたのですか?」と、社内の後輩に聞かれたとします。あなたは「友達の誕生日に焼き肉屋さんに行ってお祝いしていたとき、ちょっと火傷しちゃって」と、何気なく答えたとしましょう。

相手はあなたの目を見て、うなずきながら話を聞いたあと、以下の3つの異なる反応パターンをした場合、それぞれにおいて、あなたは何を感じるでしょうか。早速、1から順に読んでみましょう。

1.「あー、そうなんですね」
2.「うわ、最悪」
3.「うわ、痛そうですけど大丈夫ですか? でも、お祝いをしてもらったお友達は、きっと喜んでいらしたでしょうね」

どちらの反応が最も丁寧で、かつ、温かみを感じられましたか?

3種の反応パターンに対する感じ方は、相手との関係性や、あなた自身のとらえ方次第で、大きな差を感じない場合もあります。

とはいえ、少なくともけがをしたことへの気遣いや、あなたが友人を大切にしているであろうというポジティブな想像を言葉にしてくれた3の反応は、1や2と比べて、最も丁寧にあなたの話を受け止めてくれていると感じられるのではないでしょうか。

多少、言葉遣いが稚拙で「マジですか」と反応した場合でも、真剣に「つらいっすね」「大丈夫ですか?」「利き手じゃなくてまだ良かったですが、お大事にされてください」などと、絆創膏を心配そうに見ながら共感する一言をプラスするだけで、丁寧な受け止め方に変わります。

といっても、1や2のように、あまり想像力を使うことなく発せられる軽い反応は、つい深く考えずにしてしまうこともあります。ただ、言われる側の立場になって考えてみると、やはり3のような反応をしてくれる人がいたら嬉しいと感じるものです。

本書の中で目指していきたいのは、人間関係に影響を及ぼせるような、その瞬間に想像力を最大限に働かせるからこそ表現できる、相手の気持ちに寄り添った聞き方です。

これまでに紹介してきた非言語的な行動を活用しつつ、会話の中で、相手に対する理解や共感を、表情や言葉、声色なども含めて、総合的に表現できる本物の『良き聞き手』を目指し、私自身も一生かけてコツコツと身につけられたらいいと思っています。

ここでいう『良き聞き手』とは、**単に話をうまく聞き取れる「聞き上手」ではなく、相手の発した言葉を、より深く理解しようとし、それを表現できる「反応上手な人」であることを意味します。**こうした反応の中身を充実させていくことで、あなたは本物の『良き聞き手』に、近づいていくことができるはずです。

それによって、あなたが今以上に、人や社会から信頼されるチャンスを増やしていくことになるのです。まずは『良き聞き手』についての意識を持つことから始めてみませんか。

まとめ

□『良き聞き手』とは、相手を深く理解しようとし、それを想像力を使って表現できる「反応上手な人」である

話し手は相手の「聞く姿勢」に敏感である

本書では、「聞き上手」を超えて、「良き聞き手」という領域を目指していくことを提案しています。まず、私自身が「聞き上手」だと感じる人の定義とは、相手の話を聞くことがまるで水の流れのようにまろやかで、ストレスなく話し続ける環境を相手に提供できるスキルが高い人のことです。

さらに「良き聞き手」となると、会話中も、会話後も、「この人は自分にとって必要な人だ」「大事にしたいご縁だ」などと、話し手に感じさせる、深い信頼感や特別感を抱いてもらえるような反応ができる人として定義しています。

ここまででもご紹介してきたように、話を聞く際の聞き手のうなずきや、相づち、話し手に質問をする頻度やタイミングなどが、話し手の会話量や、満足度にプラスにはたらくこともありますが、そうしたものだけが、相手との信頼感や特別感を生み出すわけではありません。

何が重要かといえば、「良き聞き手」としての考え方が、その人に備わっていることが前提となって、初めて効果的にはたらいていくものだととらえています。

たとえば、「30秒間、相手の話をひたすら聞く」という、一見すると単純で、よくあるコミュニケーションの場面を考えてみましょう。こうした短い時間であったとしても（話を集中して聞いているだけの時間としては、長いですが）、**良き聞き手となって、相手の話を聞くことは、「5分間、あなたが自分について語ることの何倍もの存在感を示し、影響力を与えることになる」**と知っていただきたいのです。

つまり、好き勝手に自分が話しているときよりも、相手の話を聞いている態度からは、本人の内面の成熟度や理解力、また、話すことと聞くことの自己調整力の高さや低さが、よりにじみ出ているということです。

さらに、「聞く姿勢」には、相手の話に対する好奇心や、その内容や問題に踏み込もうと寄り添う気持ちの有無までもがうかがえて、本来の聞き手の姿が映し出されているともいえます。

テレビ番組のコメンテーターや、お笑い番組などを見ているときに、自分が話しているときは軽快で、楽しそうで、情熱を感じられるのに、ほかの人が話し始めると、無表情になり、目線も別のどこかに行ってしまい、まったく関心がなさそうにする人を見かけたことはありませんか。

話している時に輝いていたとしても、話を聞く態度が良くない場合、話していたときの良い印象や評価が覆ってしまう場合も多いのです。

さて、何年か前に、スポーツクラブのロビーでくつろいでいたときに、たまたま近くにいた初対面の女性と目が合い、あいさつをきっかけにして、会話をしたときのことです。

その女性には、小、中、高と3人のお子さんがいて、それぞれの子供たちは、性格に合わせ、別々の学校に通っているという教育方針を話してくれました。

生き生きとされていて、まじめなお人柄が伝わる女性でしたし、最初は、興味を持って話を聞いていました。

ところが5分経っても、こちらには一切、話をふることがなく、私に対しても全く興味がないことが明らかで、結局15分近くも彼女が独演会の如く話し続けたのでした。ようやく、互いに家族との待ち合わせ時間となったため、「それじゃあ」といって、別れることになりました。

気分良く話し続けていた女性に対して、失礼のない態度で聞き役に徹していた私ですが、中盤くらいからは、すっかり疲れてしまい、熱心に語られていた話の内容がなかなか頭に入ってこなくなりました。もはや、彼女と別れたあとは安堵したほどです。

□「また話したいな」と思ってもらえる聞き方

そんなことがあってから数週間が経った頃です。カフェで友人と話をしていると、その友人が「○○さん、お久しぶり」と、通りすがりの女性に声をかけました。すると、その女性は、私を見るなり、「あっ、前にお会いしましたよね」と、あいさつをしてくれました。

しかし、私はその女性が誰だかわからず、女性が「先月、スポーツクラブのロビーでおしゃべりしましたよね」と、話してくれてハッとしたのです。それでも私の記憶には、彼女の顔がはっきりとは思い出せないほどでした（初対面のとき、女性がマスクをしていたことも影響があるかもしれませんが）。

そうなのです。通りすがりのその女性は、スポーツクラブで自分のことを延々と話し続けていたご本人だったのです。

あのとき、15分近くも話していた（私は、話を聞いていただけですが）というのに、相手の顔を忘れてしまった事実は、相手に対して失礼なことかもしれません。ただ、彼女のほうは私を覚えてくれていたということは興味深かったと言えます。

ミシガン州立大学で対人コミュニケーションの分野で研究をしているエリザベス・ドーランス氏は、アメリカの心理学専門誌『Psychology Today』への寄稿の中で、「私たちは二度と出会うことのないであろう人よりも、自分の将来をコントロールできる人の話にもっと注意深く耳を傾ける」といった内容を述べています。

つまり、話していて、「近々、またこの人と話せたらいいな」と、友人や、親しい関係性になりたいと思わせる人に対しては、より注意深く話を聞くようになるという考え方ができるのではないでしょうか。

現実的には、私たちが人と関わる時間や労力には限りがあり、会話の中で自分の話を「ちゃんと聞いてくれる人」にのみ、エネルギーを使えるよう自動的にふり分けて省エネ対策をしているのかもしれません。

私がスポーツクラブで出会った女性に、長時間、注意深く耳を傾けられなかった理由は、簡単に言ってしまうと、「近々、またこの人と話せたらいいな」と思えるほど、会話が楽しいと感じられなかったからなのです。

もしあのとき彼女が、「珠央さんは、△△高校はご存知ですか?」「珠央さんは、どんな教育方針をお持ちですか?」「自分のことばかり話してしまってごめんなさいね!」などと、言って、こちらの話を聞く姿勢を少しでも私に見せてくれていたら、そうした気遣いに応えたいと思って、きっと会話が弾み、記憶に残ったことでしょう。

もし、仕事の場面においても、聞き手の立場を取らずに、自分のことばかりを話し、「二度と会うことのないであろう人」と、相手から認定されてしまうとすれば、なんらかの結果を出すことは致命的に難しくなるのかもしれません。

仕事でも日常の場面においても、話を聞く態度によって「二度と会うことのないであろう人」と判断されることは素晴らしい出会いのチャンスを逃し、大きな損失であることを肝に銘じ、自分の聞き方にほんの少し緊張感を持っていたいと改めて実感したのでした。

まとめ

- 「聞く姿勢」には、相手の話に対する好奇心や、知性、寄り添う気持ちが映し出される
- 「近々、またこの人と話せたらいいな」と、友人や、親しい関係性になりたいと思わせる人に対しては、より注意深く話を聞くようになる

「聞く力」を育てる観察力

米英の有力紙で活躍するアメリカのジャーナリストであるケイト・マーフィ氏のベストセラー『LISTEN――知性豊かで創造力がある人になれる』（日経BP）の中に、「よく『聴く』とは、相手の頭と心の中で何が起きているのかをわかろうとすること。そして、『あなたを気にかけている』と行動で示すこと」という一節があります。

この『聴く』ということは、カフェやレストランで、店員が飲み物の入ったカップを置くときの判断基準につながっているようにも、私は感じています。というのも、話を聞くことも、相手のためにものを置くことも、まさに「相手をわかろうとする」という意味においての反応の、集大成のひとつだと思っているからです。

たとえば、手を伸ばさないと、到底、届かないようなテーブルの遠い所にドリンクが置かれてしまうと、当然、自分自身で、近くに置き直さないといけません。また、カップの取っ手の向きをまったく配慮せずテーブルに置かれた場合も、口に運ぶときに飲み物がこぼれないよう、カップをくるりと回さないといけません。

そうしたカップの置き方とは異なり、右利きのお客様が取っ手を持ちやすいよう、ほぼ並行になるよう調整してくれて、カップとの距離感もちょうど良いあたりを選ぶなど、「相手をわかろうとする」ことが、着実な行動として表れている店員の方もいらっしゃいます。

相手をわかろうとすることは、相手や仕事への興味・関心の有無や、経験の長さなどにかかわらず、単純に、目の前の人や出来事に対し、観察力を総動員させているか、否かにかかっていると私は考えています。

こうした「相手をわかろうとする」ために必要な観察力は、言うまでもないのですが、誰にでも、いつからでも養えるものなのでご安心ください。

先ほどのカップの置き方の事例で言えば、ほんの少し、先を読むだけで、相手の要望に合う適切な行動が格段にわかるようになるといえます。

少し先というのは、「お客様がコーヒーを味わい、リラックスした時間を過ごす」「コーヒーをこぼす心配のない環境で時間を楽しまれる」という近い未来の状況です。

「味わう」ためには、右手（左利きの方には左側）で、すっとカップを持てるための位置を定めなくてはなりませんから、必然的にカップを置くエリアと相手とカップの距離感が決まります。

また、「リラックス」のためには、食器の音を立てないよう静かに置くことや、「ごゆっくりお過ごしください」と柔らかな声のトーンと表情で伝えることが最適な方法のひとつであると考えられます。

相手をわかろうとするための観察のステップには、こうした相手が起こすであろう近い未来の状況を現実的に予測し、その状況に対して自分が役に立てることを具体的な行動として落とし込むことなのです。

良き聞き手となるためには、相づちやうなずきといった、非言語的な表現だけを実践するのでもなく、また、自分の知識や考え方をアドバイスと称して伝え、気の利いたことを言うべきなどと身構えることでもありません。

日頃から、観察することを意識し、**相手をわかろうとする小さな言動・行動の習慣こそが、相手のニーズに応えられるスキルを高めてくれるのです。**

私自身、毎日、試行錯誤していますが、多少、失敗しても気にすることなく、できることから行動して続けていけたらと思います。

まとめ

■相手の視点、立場を考えて行動する、という小さな習慣が、あなたの「聞く力」を飛躍的に上げていく！

うなずきながら聞く人はチャンスに恵まれる

昨今、企業や組織、医療業界においてだけでなく、家庭や教育現場の中でも「傾聴は大事」だとされ、多くの人たちが傾聴という言葉を耳にすることが増えてきているように感じます。

その傾聴の中で、うなずくことを取り上げてみると、「うんうん」「なるほどね」などと、相手の話に合わせて、頭を上下に動かす動作や、声による表現が想像されるかと思います。

「うなずくなんて簡単だ」と思っている人に限って、もしかしたら相手の話の呼吸に合わないところでうなずいていたり、うなずきが浅くてわかりづらかったり、過剰なほどの頭の上下運動によって、話し手を急かしてしまうなど、うなずきの効果を半減させていることもあります。実は、うなずきの動作には注意すべき点がたくさんあるのです。

ところで、会話の相手がたくさん話してくれることのメリットは何でしょう?

まず、話し手においては、満足感が上がり、気分が良くなることです。そして、聞き手においては、「親切な人だ」「一緒にいると楽しい人だ」などという印象を抱かれやすくなることでしょう。

それと同時に、相手から必要な情報を引き出せるチャンスを増やし、その情報をもとに、話の内容を効率的に理解できることで、相手の要望に合った提案がしやすくなるなど、説得や交渉の場面も含め、適度なうなずきにはメリットしかないと言えそうです。

医療の臨床場面でも、医師と患者のコミュニケーションの中で、話にうなずくことは重要視されています。それもそのはずで、医師と患者のコミュニケーションは、納得のいく治療方針への決断をはじめ、治療効果や生命にかかわる重大な事態にまで影響を及ぼすリスクを伴うからです。

医師と患者の間には、「強者―弱者」という関係性が形成されてしまい、医師側の優位性が指摘されています。そんな中、医師が患者の話を聞く姿勢について考えることは不可欠で、「良き聞き手」としての技術的な向上が求められ続けているのです。

私たちの普段の会話では、相手の話を聞くことが、生命の重大な危機といえる局面に直接、関わることはないかもしれませんが、互いの「信頼関係の危機」という面においては、直結していると言えるのではないでしょうか。

□相手の会話の句読点を読む

話は変わりますが、数年前に、あるトーク番組に、伝統芸能を継承するご家族が出演されていたときのことです。MCが芸能とは直接関係のない和やかな質問をして、20代の息子さんが答え始めた際に印象的だったことがあります。

それは、息子さんが話している隣で、師匠でもある父親の男性が、息子のほうに視線を向けることは一切ないまま、うなずかないばかりでなく、微動だにせず、硬い表情で、正面を見てじっとしている場面を目にしたからでした。

数百年も続く伝統芸能の世界には、親子であっても厳しい師弟関係が存在していることは言わずもがなですし、決して親子関係が良くないなどと表面的な印象を持ったわけではありません。

また、親子共演という照れや恥ずかしさもあったのかもしれませんが、視聴している私からすれば、父親の印象として、頑固で、近しい人をも突き放すような冷たい人というインパクトのほうが強烈で、ユーモアや親しみやすさを感じられなかったことが、唯一、残念に感じてしまいました。

威厳や品格という印象を重んじていらっしゃるのかもしれませんが、うなずくという行動が、威厳や品格といった印象の邪魔をするということはありません。

むしろ、会話に合わせて、自然にうなずいていたほうが、相手のことを受け止める包容力や、余裕があることを感じさせます。さらには、人情や温かみのある人だとして魅力が増していく可能性もあります。

このほかにも、たとえばリモート会議中、画面に映し出される人たちを観察しているとさまざまなことが観察できます。

まったくうなずかないで会議に参加している人がいるとして、あなたはどのような印象を持ちますか？

集中するあまり、うなずきがないという場合もありますが、会議に集中することと、参加者の余計な緊張を取り除き、議論が盛り上がるような雰囲気作りを維持していくというふたつのタスクを、同時進行で行うことは、それほど難しいことではありません。

うなずきの**タイミングの目安としたいのは、相手が話す言葉の句読点（『。』『、』など）**。そして問いかけへの反応などに対してリズミカルに行うと効果的です。最低限の目安として、話し手の内容の『、』『。』のタイミングにのみ、うなずいてみることから実践されると良いかもしれません。

リモート会議の場合は、聞き手自身の返答の声で話し手の話の邪魔をしないよう気を使いますし、「ミュート」（自分の音声を消す設定）の状態が長い場合もあるため、画面上の視覚情報としてのうなずきの動作は、「聞いていますよ」というサインとして効果を発揮します。

適度なうなずきが、相手の会話を促進させ、より高い提案力や、信頼関係を作り出すきっかけになると想像しながら、早速、試してみたいですね。

まとめ

- うなずきは、相手の会話を促進させ、より高い提案力や、信頼関係を作り出すきっかけとなる
- うなずきのタイミングの目安は、相手が話す言葉の句読点（『。』『、』）に対してリズミカルに行うと効果的！　ただ、やりすぎには気をつけよう

オウム返しの声の大きさに気をつける

以前、カフェで、私の前に並んでいた女性の顔をのぞき込んだ別の女性が、「〇〇さん、お久しぶり！」と、声をかけている場面を見かけました。

顔を覗き込んでいた女性は続けて「ねえ、そういえば、お子さんは今、どちらの学校に通っているの？」と、私の前にいた女性に質問しているのが聞こえてきました。

周囲には数人のお客さんがいたこともあり、あえて小さな声で、学校名を答えていた女性に対して、「□□ちゃんと、△△くんは、〇〇に通っているのね」と、質問した女性が、子供たちの名前と学校名を、大きな声でオウム返ししたのです。そして一瞬にして、個人情報が店内に知れ渡ってしまったのです。

「子供のことぐらいで」と、世の中には、気にしない方もいらっしゃるでしょうが、私の前に並んでいた女性は、明らかに困惑した様子でした。

というのも、学校名というのは、公立校であれば学区がわかり、住まいも特定できますし、私立であれば、住まいまでは特定できないまでも、わざわざ知らない人たちに個人情報を知られるメリットは何ひとつありません。

個人情報については、「気にしている人もいる」という前提で会話をする気配りの大切さを、身をもって体験したのでした。

さて、オウム返しというのは、コミュニケーションの中でも「良い聞き方」の一例として紹介されることがあります。１９３０年代以降、カウンセリングでクライアント中心療法を発案し、アメリカの臨床心理学者であったカール・ロジャーズ氏が示している「カウンセリング技法」の中でも、オウム返しのように、相手の話したことを繰り返すことは、意思決定が尊重される手法のひとつとして紹介されています。

私自身、オウム返しは情報を正確に理解しているかどうかの確認にもなるため、普段の会話中に使用することもしばしばです。

一方で、それを使用する際の基本としては、頻度やタイミングはもちろんのこと、状況に応じた声の大きさに気をつけることも求められます。

そもそも、**相手の話したことをオウム返しすることは、手段であり目的ではありません。**

相手の話をどのように受け止めるのが最適か、その都度、さまざまな方法の選択肢の中から瞬時に適した判断をする必要があります。

また、オウム返しというと、簡単で単純な反応のように思われがちですが、だからこそ、機械的に言葉を発するだけになってしまわないよう、そのタイミング、さらには声の大きさや丁寧さ（抑揚や発声のスピードなど）などにも気をつけたいものです。単に相手が発したことと、同じことを繰り返せば良いわけではありません。

言うまでもないことですが、相談相手に対して、「悩んでいるということですね」「つらいということですね」などと、他人事のように繰り返しても意味がないことですし、頻繁《ひんぱん》にオウム返しをするのは、耳障りにもなりかねません。

「必ず、オウム返しをしなくては」と、意気込む必要はなく、その瞬間の、相手との空気感や、会話の流れなどに合わせながら反応をするほうが自然です。

ですから、周りに他人がいるときの会話では、あえてオウム返しをせず、「そうでしたか」と、うなずきのスピードや、抑揚の深さなどの工夫で、関心を持って、丁寧に受け止めていることがわかる反応であれば、それは、きっと十分に相手に対して、自然な気配りになっているといえるのです。

まとめ

- 相手の話したことを繰り返すオウム返しは、「良い聞き方」のひとつであるが、状況に合わせて声の大きさや、頻度には気をつけよう
- その瞬間の相手との空気感や、会話の流れに合わせて自然な反応を考えよう

「オウム返し」のリスクを知る

ある日、タクシーに乗車してすぐ、タクシードライバーに「おはようございます。○○(建物名)までお願いします」と告げました。

ドライバーの60代と思しき男性は、無言のまま車を走らせました。途中、目的地までの道のりには、都市開発中のエリアがあり、ちょうど近道できる道路が開通したことを思い出し、「あの、この先の突き当たりを右折していただけますか?」と言うと、「突き当たり?」と、面倒そうに反応しました。

さらに、目的地の敷地に入る手前で、「この先の地下にある駐車場に入っていただけますか?」と説明をしたときも、「地下(駐車場)?」と、相変わらずやる気のなさと、横柄な感じがあからさまで、「体言止め」の反応が続きました。

結局、ドライバーから発せられた言葉は、疑問形のような語末を上げて話す体言止めの2語と、「1200円」という乗車料金のみでした。

「突き当たり?」より「はい。突き当たりを右ですね」と伝え、「地下?」というのは、「はい。地下ですね。かしこまりました」などと表現したほうが、丁寧ですし、より正確に情報を確認することができます。

先ほどの事例は、タクシードライバーの方に限ったことではありませんし(人情味があって、親切なドライバーさんとの出会いも、過去にたくさんありました)、見方によっては、『オウム返し』ができていて、聞き手としては間違いではないのでは?」というふうに思う人がいるかもしれません。

ただ、「オウム返し」とは、既に本書でも少し述べていますが、録音した音声を無感情に再生するように、相手の言葉を、そのまま繰り返せばいいというような短絡的な意味でとらえるものではありません。

それでは、「オウム返し」について、真の傾聴という意味で考えてみましょう。

そもそも傾聴とは、1900年代中期から後期にかけて活躍したアメリカの心理学者であり、本書の「オウム返し」(P101)の項で引用している、心理療法家のカール・ロジャーズ氏が提唱した「クライアント中心療法」という心理療法の中で注目された経緯があります。

ロジャーズは、クライアント自らの「ありのままの自分を受け入れる」といった目標の中で、肯定的に話を聞き、安心して話してもらうために傾聴を重視したとされています。

つまり、実際の対話の中から、相手が自分でも認識していない思いや、感情などに気づいてもらうために傾聴が大切であり、「話を聞くパフォーマンス」という表面的な意味での「聞く」という意味とは異なることがわかります。

「オウム返し」をすることが良き聞き手になるための条件であるかのように思い込み、ひたすら、「とりあえず反芻」のような反応をしたとしても、それでは意味がありません。

たとえば、私が自己紹介をしたときに「コミュニケーションコンサルタント!?」「本を書く仕事!?」などと反応する人がいるとしましょう。

こういう場合、関心から来るオウム返しというより、「なんだ、それは?」「は?この人は何者だ?」といった、警戒心や否定的な感情を持っているものと受け取ってしまうこともあります。

それでは、温かみのある聞き手としては、どのように相手の話に反応したら良いのでしょうか。その答えは、とても簡単です！

【味気ない「オウム返し」を避ける方法】

1．体言止めをやめる（たとえば、相手の職業を聞いたとき「銀行？」「ＩＴ系？」「（出身地を話す人に）埼玉？」など）

2．「～なのですね」「～ですか」など、丁寧に返す（抑揚を意識すると尚良い）

3．自分なりの感想を一言そえる（「〇〇ですか。それは初めて聞きました」「〇〇とおっしゃるのですね。それは気になるな」「よろしければ、もう少し詳しく教えてもらっても、よろしいですか？」など）

もしあなたが、相手の仕事について聞いたとすれば、「駅前の洋菓子店にお勤めなのですね」と、1と2をセットで、和やかな表情と文末の終助詞「ね」を1秒長く延ばすことで、情報の内容を丁寧に理解しようとしている様子を、柔らかな印象として醸し出すことができます。

ちなみに、終助詞の「ね」には、情報の読み取りよりも、相手の気持ちを読み取るために共感し、情緒的な情報を相手と共有するといった機能や、会話の促進や注意喚起の機能があるなどと、言葉の研究の中では示されています。ですから、適度に活用できたらいいですよね（「ね」を早速、活用してみましたが、いかがでしょう）。

3のポイントは、何か「うまいことを言う」というわけではなく、「あちら（相手の働く店舗）は、人気店でいつも混んでいますよね」「今度、ぜひ立ち寄って（相手が勤務する店舗へ）みたいと思っていたのです」などと、**自分の知っているポジティブな情報や、感じていることを組み合わせ、短くシンプルに一言を添えるだけで、話の内容に関心があることを伝えられるというものです。**

もし聞いた情報について、何も知らなくても焦る必要はなく、関心が持てなくても、なんら問題などありません。

そういう場合には、「そうでしたか。甘いものが好きな友人に手土産を買うとしたら、何が一番、おすすめですか?」などと、相手が答えやすそうな質問をしてみるのはいかがでしょう。

「ぜひ教えてほしい」といった相手に対する姿勢からは、きっと、それを受けた人は「自分は、頼りにしてもらえているのかな」という、嬉しさを感じてくれるはずです。

会話の中のたったひとつのやり取りでさえ、互いに気分よく、頼り、頼られ、そんなふうに人と接することができれば、人間関係による幸福感をより多く得ることとなり、ウェルビーイングな生き方にもつながっていくでしょう。

まとめ

□ 文末を工夫し、自分なりの感想を一言そえるだけで、今まで以上に会話が弾む!

受け止めて、ねぎらいの言葉をかける

私たちが暮らしている社会では、当然のことながら、「しなければいけない」とされるルールや、約束事があります。

たとえば、交通規則や犯罪に関わるルールは、社会秩序や生命を守るためという意義があり、社会生活において欠かすことはできません。

それでは、別の視点で例を取り上げてみましょう。義務教育を受けている子供たちにとって「宿題をする」というルールはどうでしょう。

もし、「どうして宿題をやらなければいけないの?」と、小学生に聞かれたら、あなたはどのように答えますか? 仮に、以下のように答える人がいるとして、あなたが子供の立場だとしたら、どのように感じますか?

「どんな勉強もいつかは役に立つはずだからだよ」「先生が言うことは守らないといけないからだよ」「小学生は勉強をしないといけないからだよ」「みんなやるものでしょう」「義務教育だから仕方がない」「私だって大変な思いで、やってきたんだから」

いずれの内容も、大人の立場となると、つい言ってしまいそうなことですが、子供の立場に立ってみると、腑に落ちない場合が多いのではないでしょうか。「仕方がない」「従うしかない」と言うばかりでは、相手に納得してもらえるような根拠を示していないことは明らかですよね。

また、教育基本法第5条によれば、義務教育とは親や保護者が、子供が学校に通えるようにする義務であり、子供が学校に行く義務ではないことがわかります。

大人になるにしたがい、私たちは、経験や知恵を身につけていきます。そうしたことで、「社会とはそういうものだ」と、折り合いをつけながら物事を判断するのが容易になり、悩み、葛藤する時間を省略できるようになっていくのかもしれません。

一方で、「社会とはそういうもの」という考え方が、自分なりの考えとして想像することを抑制してしまう可能性も否定できません。また、同調圧力や認知バイアスにより思考が固定され、悩み、葛藤することによって得られるはずの、自分の感情や考え方に気づく機会を失いかねません。

ここで先ほどの、子供からの宿題に関する質問に戻ってみましょう。

「社会とはそういうもの」という一般論から離れ、「なぜその質問をしたのだろう」という、相手の本意に触れられるような視点で反応してみると、答えの内容も、会話の方向性や着地点も、かなり変わります。

「とにかくやりなさいよ」と、強制する言い方を避けて「それはいい質問だね」「それは深い質問だね」などと受け止めて「一緒に考えてみよう」「どうしてなんだろう」「どうしてそう思うの?」などと反応してみると、子供が自分の立てた問いの価値に気づくきっかけにできるのではないでしょうか。

実際に、私自身、娘が小学校中学年だった頃に、「こんなに疲れているのに、どうして何時間もかけて宿題をやらないといけないの!?」と、うんざりした様子で質問された経験があります。

彼女は、日頃から宿題を早く済ませて、自分の好きなことに時間を使うという計画性と、実行力があるのですが、うんざりしていたのには理由がありました。

それは、その日は宿題の提出方法がオンラインだったのですが、先生が提出先を設定するのが遅れ、児童たちが夜遅くまで待たされていたという状況があったからなのです。「そんなのみんな同じ状況なのだから仕方がない」といえば、そのとおりですが、その反応で娘は納得できないでしょう。むしろ、「そんなこと私が一番、わかっているわ」と、イライラを増長させ、「ママは自分をわかってくれない」と思われ、信頼関係にヒビが入る可能性すらあります。

□大変な状況に安心感を与える言葉を

そのような状況に有用な3つの反応ステップがありますので順に説明していきます。

ステップ1．受け止め

「こんなに遅くまで疲れちゃうよね」「よく頑張ってるね」「確かにこれは大変だよね」と、率直に相手の状況に共感します。

ステップ2．状況把握

「今、どんな状況なの？」「画面を見せて？」「どのくらい大変なの？」と、実際に起きていることを理解できる材料を探すことで、その後の対応策のバリエーションが広がり、適切な言葉でやり取りができるからです。

ステップ３．ねぎらい

「少し休む？」「何か飲む？」「マッサージしようか？」などと、相手がリラックスできる環境を提案し（声に出さなくても動作で見せていくのもいいでしょう）、「私にできることはあるかな？」などと聞いてみると、ニーズがつかめるかもしれません。

このように、「受け止め」「状況把握」「ねぎらい」の3つの反応ステップの最大のメリットは、相手に落ち着いてもらえることです。人は安心感を得て、感情を穏やかにできれば、より良い決断や行動を自発的に再開できるからです。

「社会とはそういうものだ」という尺度は、誰もが持っているかもしれませんが、それを口に出さず、常に相手の立場に立った一言を捻り出す一手間をかけていきたいものです。

ちなみに、娘の事例ではまず「こんなに遅くまで疲れちゃうよね」（1．受け止め）と伝えました。続けて画面を見せてもらって、「もうこんなにできているんだね」（2．状況把握）と理解し、「疲れをとってあげるよ」と、ハグをして、マッサージ（3．ねぎらい）をしてあげました。

すると娘は「もう本当に疲れたよ」と声に出すと、しばらくして、すっきりとした様子で「とりあえず、あと30分だけ待って、それで終わらなかったら先生に明日、自分で説明する」と言って、時間と気分を区切ることにしたのです。

結果的には、提出先の設定が修正され、宿題のデータを時間内に送ることができて落着。「ママ、ありがとう」といつもの笑顔で伝えてくれました。

子供に限らず、大人であっても、自分が疲れているときや焦っているとき、絶望を感じているときに、誰かに「みんな大変なのは同じ」「世の中って、そんなものだよ」などと言われることで嬉しく感じる人は、ほぼいないでしょう。

社会人となり、職場の同僚が「なんでこんな面倒な作業をしないといけないのだろう」

とグチを言ったとしましょう。あなたは「仕事なんだからやるしかない」としか言いようがないかもしれません。ただ、そういうときでさえ、衝動で口に出してしまいそうな社会的な尺度や正論は、いったんは、脇に置いてみるのです。

その代わり、否定も肯定もせず「もう作業の半分が終わっているよ！　あと少し集中して1分でも早く帰ろう」と伝えられたら、相手は安心感を覚え、なんとか作業を続けてみようという前向きな気持ちに少しは、なれるのではないでしょうか。

そんなふうに、相手の感情や、前向きな行動に目を向けた反応ができるということは、「受け止め」と「ねぎらい」のできる成熟度の高いコミュニケーションを取れる人であることの証しなのです。

まとめ

- 相手の本意に視点を向けて反応する
- 「受け止め」「状況把握」「ねぎらい」のステップが相手の安心感と行動力を生み出す

「共感」は相手の話を遮らないことから始まる

こちらが何かを話した瞬間、すぐさま「わかります」「わかる〜、わかる〜」などと、語気を強めて反応する人がいます。共感しようとしてくれる気持ちの表れなのかもしれませんが、その勢いのせいで、相手の話の流れを止めてしまっては、せっかくの気遣いが、台無しになりかねません。

また、それだけならばまだしも、「わかります！　私もまったく同じ経験があって……」などと、そのまま自分語りが始まるケースもよくあります。

そんなとき、共感することが、本来、何を意味しているかについて考えさせられます。

「『共感』とは、自分以外の人の経験を敬意とともに理解すること」

この一節は、対人関係の衝突を避けて、非暴力的なコミュニケーションの解決のためのプログラムＮＶＣ（Nonviolent Communication）を開発したアメリカの心理学者マーシャル・ローゼンバーグ氏が、著書の中で述べていることです。

相手が話したことに対して、自分よがりのアドバイスをしたり、「私もそういうことある！」と、自分のことを語り始めたり、「それがルールでしょ」と正論を言って、「世の中、そんなものだよ」「大丈夫だよ」などと、決めつけた言い方で話を終わらせてしまうような反応は、ローゼンバーグ氏が意味する共感とは、だいぶ程遠いと言えます。

こうした発言は決して悪気があるわけではなく、「私にもあります」「わかります」などと言って、自分もつらい経験をしたがなんとか克服できたと話すことで、相手を励ましたいとか、「この人の問題を、なんとかしてあげたい」という思いから来るものだということは理解できます。

ただ、もしかしたら、単に、「自分も話したい」という欲求の表れになっていたり、「私が話すことは役立つはずだ」という勘違い、または傲慢《ごうまん》さから来る、相手にとって余計なアドバイスになっている可能性もあります。

相手の話を遮り、自分の話に酔いしれて、相手の話を軽んじるような会話をしている人というのは、結局、会話を観察する機会を逃すことになるのです。そのため、その話題も、相手についても、なんら確実な情報（相手の感情、要求など）を十分に持てないまま話をせざるを得ません。

そのように、重要な情報を持たない状態で会話をすることは、普段着で富士山の頂上を目指すほどに無謀で、信頼関係という山頂を目指すには、あまりにも準備不足で、相手との間に不安定な状況を作ることになるのです。

ですから、**会話では、相手の話が一区切りする1～5分くらいは、話を遮らず、ひたすら丁寧に聞く姿勢を貫き、相手を観察する時間としてとらえたいものです。**

もちろん、そこまで丁寧に話を聞ける状況ではない場合もあるでしょうし、相手との関係性によって、調整と判断は臨機応変にする必要性はあるかと思います。ですから、「一区切り」までの時間は、あくまで目安としてください。

「共感」とは、相手を観察する努力を怠り、相手の話す時間を奪うことでもなければ、「～したほうがいい」などと、聞き手が好き勝手に発言するような軽いコミュニケーションではなく、自分の欲求や自己満足をコントロールしようとする意識が求められます。

ですから、自分よがりのアドバイスや、正論などで多くを語るよりも、相手の話を傾聴し、そこから細やかに観察し、共感する態度には、語ること以上に、その人自身の全てが表れていることになるのです。

□過剰な反応、評価をせずに聞く

うなずきや、相づちも効果的であると本書では紹介していますが、言うまでもなく、それらのノンバーバル（非言語的）なコミュニケーションさえ実践していれば、共感しているということになるわけではありません。

また、共感するときに「賢いと思われたい」「気のきいた一言が言いたい」などという思いから、「相手の話を正確に要約しなくては」と気負いすぎて、共感することを、自分の知性の見せ場だと勘違いしてしまうのも避けたいところです。

繰り返しますが「共感とは、自分以外の人の経験を敬意とともに理解すること」です。

そこで、敬意を持って共感することを具体的な言動に落とし込む方法を紹介します。

【敬意のある共感のための言動ポイント】

1. 相手の話を遮らずに徹底して聞く（ひとつの話題の区切りがつく間、あるいは1〜5分は聞き続ける覚悟を持つ）

2. 過剰な反応をしない（嫌悪感や、驚きを隠す必要はないが、話の流れを止めるほど、派手に反応せず、自然かつ適度な反応で聞く）

3. 観察する（話の内容、表情、声色、感情などを五感で感じながら集中して聞く）

4. 評価しない（「あなたが悪い」「あなたが不注意だったのでは？」「それは絶対に騙されている」「うまくいくはずがない」などと、勝手に内容を評価しない）

5. 強要しない（「そんな会社辞めなさいよ」「そんな人とは縁を切りなさいよ」「連絡しないとダメだよ」などと、勝手に相手に行動を強要しない）

6. 要求を知る（最後まで話を聞いた上で「私にできることは何かありますか？」「（気持ちを落ち着かせるために）飲み物を買ってきましょうか？」「（限られた時間で十分に話を聞けなかったとき）改めて時間を取りましょうか？」など）

7. お礼を伝える（「聞かせてくれてありがとう」「私に話してくれて嬉しいです」など）

あなたの敬意ある共感によって、相手は安心感を持ち、たとえ一時的だとしても気持ちを落ち着かせることができるかもしれません。
そのように敬意を持って自分を理解してくれる人とは、一生、大切にしたい特別な存在として付き合いたくなるものです。

まとめ

- 過剰に大きな反応は控え、敬意を持って話を聞く
- 五感で感じながら、集中して聞く

ネガティブな話の反応にこそ「余裕」が表れる

会話をしていて、楽しい話題や、穏やかな話題なら、前向きで感じの良い反応がしやすいという人は多いのではないでしょうか。

たとえば、「会計事務所への転職が無事に決まりました」「先日までひどかった腰痛が、ようやく治りました」などと相手が話せば、「おめでとうございます！　それは、素晴らしいですね」「うわ、つらかった痛みが取れて何よりです」などと、反応できるでしょう。

ところが、「もう半年も転職先が決まらず不安で仕方がない」「原因不明の腰痛がずっと治らない」などと、相手が窮地に立たされているような状況で、聞き手の自分にはなんら役に立てることがないと思うような場合、どのように反応したらよいものかと困惑してしまうことがあるのではないでしょうか。

以前、バスの中で大学生と思しきふたりの男性の会話が耳に入り、実際の会話の中で反応することは難しいかもしれませんが、非常に重要だと感じたエピソードがあります。

それは学生のひとりが、「あと2ヵ月で卒論を提出しないとなんだけど、途中、いろいろとあって、調査がまったく終わってないんだよね」と肩を落とした様子で話したときのことです。

すると、聞いていた相手の学生は「えっ、あと2ヵ月って、かなり時間ないけどやばくない!?」と、神妙な面持ちで言い切ったのです。

すると、肩を落としていた学生の表情が一瞬で暗くなり、相手の学生はなんらフォローをしないまま、ふたりの間には、心地の悪そうな空気が流れ始めてしまったのです。

卒論の提出期限が迫っている学生の話し方からすると、決して「めっちゃ、やばいよー」という明るいノリではなく、その状況をかなり深刻にとらえている印象がありました。

こういう場合、どのように反応すると良いのでしょうか。

答えは無数にあると思いますが、まず、相手が困っていたり、不安をかかえながら話しているかどうかを観察し、その結果、自分はどういった立ち位置の聞き手になるべきかを察することが前提です。

それでは、ここで反応するときに重要なことをまとめてみましょう。

【ネガティブな話題に反応する際に気をつけたいポイント】

1．相手を観察する

表情や声、発する単語から、相手が話している状況をどれだけ深刻に考えているのか推測する。「A．かなり深刻（強）」「B．やや深刻（中）」「C．少し深刻（弱）」「D．まったく深刻ではない」などと、深刻さのレベルを分けると考えやすい。

深刻さが伝わりにくく、わかりづらいときは、「A～B」の間くらいでとらえておくと、余計に焦らせたり、笑ったり、冷やかすなどといった無礼な言動を慎むことができる。

2. 相手の心情を察する

1で、深刻レベルを推測したら、相手の心情とニーズを想像する。

(例)

・心情↓「焦っているだろうな」「それはショックだろうな」「それは相当に怒るだろう」「かなり落ち込んでいそうだな」「自信を失くしているだろう」「かなり恥ずかしい思いをしただろう」「悔やんでも悔やみきれないはずだ」

・ニーズ↓「これ以上、落ち込みたくないはずだ」「共感してほしいのだろう」「話を聞いて、知ってほしいだけなのだろう」「慰めてほしいはずだが、同情はいらないだろう」「勇気づけられたいのかもしれない」など。

3. 心情に合わせた反応をする

1～2を言語化して言動に落とし込む。ただし、容易に「大丈夫だよ」「なんとかなるよ」といった無責任な発言や、「みんな同じだよ」「私なんてもっとひどかった」など、一般論や自分の話に落とし込むような、丁寧さに欠ける発言は避ける。

大学生同士のバスの中での会話の場合だと、「調査って大変だものね。あとどのくらい必要なの？　周りに呼びかけてみようか？」「自分も同じ状況だったらと思うと、焦る気持ちもわかるよ。とはいえ、2カ月あれば、遅れを取り戻すこともできるんじゃないかな」「頑張っても、なかなか予定通りには行かないことってあるものね。○○のおかげで、自分も気合を入れ直すよ。ところで、これからの計画は立てられたの？」と反応することができるのではないでしょうか。

あなた自身が窮地に追い込まれたり、困っているときに、相手の温かな反応によって、元気が出たり、肩の力が抜けて前向きになれた経験を思い出してみてください。

自分の気持ちが沈んでいるとき、無理やり励ましたり、お説教したり、カラ元気を強要してくるような反応をされると、「この人に話さなければよかった」と、がっかりすることはありませんか?

ネガティブな話題を聞いたときも、「励まさなきゃ」「気の利いたアドバイスをしなくては」などと気負わず、先ほどの3ステップを参考に、観察することから言語化までを、着実に辿れるよう落ち着いて話を聞くことから始めていきたいものです。

そうしたあなたの反応によって、相手の気持ちを包み込み、「あなたに話せて、なんだか少し前向きになれた」と思ってもらえたら、あなたは、これまで以上に、より、たくさんの人を元気にすることができるのですから。

まとめ

- 「励まさなきゃ」「気の利いたアドバイスをしなくては」などと気負わず、心情を観察し、心情に合う言動を考えよう

本当に自信がある人は「しなやか」である

私はコミュニケーションのコンサルタントとして、ビジネスやプライベートにおける話し方（主に話す内容と表現法について）や、聞き方（態度、質問、答えに対する反応の仕方など）を中心としたアドバイスや、トレーニング法を提供する仕事をしています。

対象は主にビジネスパーソンで、具体的には、講演や研修をはじめ、コミュニケーションの中で生じる場面ごとの反応についてアドバイスします。また、メディアからのインタビューの受け方などのほか、ＳＮＳの文章構成や、動画での表情やジェスチャーなど非言語的な要素のチェックなど、内容は多岐にわたります。

最近は、日本人のビジネスパーソンが、欧米諸国の人たちと会議や食事をする席や、何気ない会話をするときの振る舞い方などについてアドバイスすることもあります。

そんなビジネスシーンでは、特に自信に満ちて知性的なイメージを感じさせる振舞いを身につけたいと希望する方が多いのですが、それらのイメージは、決して「強くあるべき」「負けてはいけない」「なめられてはいけない」などと、威厳や圧力を前面に押し出すこととは異なります。

中には、外国籍の人たちとコミュニケーションを取ろうとするとき、つい力が入りすぎ、自分を大きく見せようと必死になる人や、なんでも賛成し共感するパフォーマンスを見せようとする人も少なくありませんが、実はそうしたことより、**「力を抜く」ことのほうが大事であると私は伝えています。**

その理由は、力を抜いて接する方が、落ち着きや余裕、親しみやすさなどを相手に感じてもらいやすいためです。つまり、相手に対して「頭がいいと思わせたい」「優位に立ちたい」などという、自分をよく見せたいという小手先のパフォーマンスを感じさせない人ほど、話し方がしなやかでマイルドになるのです。

そのような話し方から誠実さや親近感が伝わることによって、話しやすい雰囲気が生まれれば、スムーズな会話へと発展し、話を深掘りするチャンスにも恵まれます。

これまでの経験の中で、そうした、しなやかさを持っている人には以下のような特徴があると感じています。

1．ほがらかな表情
眉間にシワを寄せず、目元、口元の力を程よく抜いている（ただし口は開きっぱなしにしない）。

2．常にアイコンタクトが取れる
相手の目を見て話すことができる。ただ、5秒以上凝視する場合は、好意や親交を意味するようはたらきかける一方で、その場の状況や、互いの関係性などによっては、敵視や性的関心などととらえられることもある。そのため、相手の話にうなずく際に目線も同時に下に動かしたり、瞬きの時間を調節するなどして、凝視時間を短縮し、アイコンタクトのはたらきを和らげる工夫も考える。

3．相手を認める言葉を惜しみなく使う
「あなたのおかげです」「さすがですね」「助かりました」「それは、すごい！」「素晴らしいですね」「素敵ですね」「国際的ですね」「かっこいいですね」「とても優秀なんですね」「見習いたいです」など。

4．共感性のある言葉をタイミングよく使う
「〇〇さんは～」（相手の名前を即覚え、会話の中で呼びかける）「それは大変でしたね」「それはつらいですね」「確かに心配ですよね」「お気持ちわかります」「それは嬉しいですね」「あなたはなんて忍耐力がある人なのでしょう」など。

5．お礼を伝える
「声をかけてくれてありがとう」「誘ってくれてありがとう」「準備してくれてありがとう」「教えてくれてありがとう」「貴重な本を紹介してくれてありがとう」「お忙しいのに、お店を予約してくれてありがとう」など。

6. 素直に謝る

「お待たせして申し訳ございません」「せっかくのご提案なのに役に立てず、申し訳ございません」「心配させてごめんなさい」「お手数をかけてしまいごめんなさい」「お手を煩わせてしまいお詫びします」「説明不足で申し訳ございません」など。

7. 腕組みをしない

腕組みは、他者からの攻撃から身を守る動作として知られている。また、なんらかのストレス（不満、不安、怒り、不信感など）を抱える、気難しそうで、相手を拒否しているような印象を与えてしまう可能性もあるため、腕や手は、即座にジェスチャーを使えるように、体の前の自然な位置に置く。

8. 相手に順番を譲る

エレベーターに乗るとき、レストランに入るとき、ほぼ同時にレジに並んだとき、レストランで注文するとき、会話中に発言が重なってしまったときなどは、「お先にどうぞ」「○○さんから、どうぞ」などと伝える。また、レストランで相手と同じメニューを注文し、飲み物や料理などが運ばれたら、店員に「そちらからお願いします」と、相手を優先する声をかける。

1〜8までのポイントの共通点としては、礼節を重んじる考えが根底にあるということです。これらの共通点を見ていると、しなやかに振る舞える人とは、一緒にいると気分が良くなる人でもあるのです。

さあ、早速、共通点の中から、関心がある項目や、取り組みやすそうな項目をひとつ選んで、あなたも今日から実践してみませんか。

まとめ

□力を抜いて人と接するほうが、落ち着きや余裕、親しみやすさなどを相手に感じてもらいやすい

「良き聞き手」は敬意を得られる

これまで仕事を通じて出会った人たちから、『話を聞く』ことばかりしていると自分の存在感が薄れるようで不安だ」、「『傾聴』ばかりだと疲れるし、一体、いつ自分の意見を話せば良いのかわからない」などという胸の内を打ち明けてもらったことがありました。

まじめであればあるほど、あるいは、良き聞き手になろうとするあまり、「どんな話でも忍耐を持って聞かねばならない」「自分のことは一切、話してはいけない」などと、行動の制限にばかり目がいってしまうことはよくわかります。

そうした悩みに答える前に、まず傾聴に関する、ハーバード・ビジネス・レビューでも取り上げられた論文を紹介させてください。

経営管理学を専門としているガイ・イッチャコフ氏と、組織行動学の専門家であるアブラハム・N・クルーガー氏らの論文（2018）によれば、質の高い傾聴（注意深く、共感し、判断をせずに聞くなど）が、話し手の前向きな感情と態度を引き出すということが一貫して実証されています。

そのようなメリットがある一方で、人々が傾聴を妨げる要因もあると指摘しています。それは、冒頭で「存在感が薄れる」「疲れる」などと打ち明けてくれた人がいたように、「権力喪失への恐れ」や「傾聴には時間と努力を要する」ことが挙げられています。

傾聴は、時間も労力もかかるわりに、自分のことをアピールできる場もなく、「そこまで、やっていられない！」と思う人がいてもおかしくないということです。

そこで考えていただきたいことは、なぜ話を聞くことが重要であるかという原点です。

確かに、傾聴には忍耐力も時間も必要ですが、それらを相手に施す分だけ（質の高い傾聴であることが前提）、相手が気分良くあなたに話をしてくれる機会を与えてもらえます。

その結果、相手から受け取れる情報量は増えますし、会話が盛り上がり、深まれば的を射た発言もしやすくなるのです。

そこで、質の高い傾聴によって、「あなた」が相手から得られるもの、そして、「相手」から取り外してあげられるものを、以下にまとめました。

さあ、あなたが傾聴によって相手から「受け取りたいもの」、また、「取り外したいもの」の項目をチェックしてみましょう。

【質の高い傾聴から「あなた」が得られるもの】

・敬意
・信頼
・次の約束
・次のチャンス
・気分の良い弾む会話
・ほかの人とは違う特別感
・大切な話を聞くに値する立場
・良質な情報
・良質な縁となる紹介

・誠実な言動
・丁寧な対応
・気遣い
・「○○さんに話を聞いてもらえてすっきりしました」という感謝
・「私もこの人のために何かしてあげたいな」と思われる親切心の芽生え

【「相手」から取り外せるもの】
・極度の緊張感
・不要な警戒心
・不信感
・敵対心
・不誠実な態度
・攻撃的な態度
・イライラとした言動
・勝手な決めつけ

・否定的な言動
・不要なプライドを見せること
・うわべだけの感じの良さ

あなたは何個の項目にチェックされましたか?

徹底した「良き聞き手」になる強い意志と実行力があれば、傾聴は、誰にでもすぐに始められ、良い人間関係を作る上での肥料となっていくことは、間違いありません。

あなたの素晴らしい意志と実行力を、今日から、さっそく試していきましょう。

まとめ

■聞き手が忍耐力と時間を費やした先に、信頼という名の一生ものの財産を手に入れるチャンスをつかめる

第3章

「話し上手」ではなく「反応力が高い人」になる方法

質問後の反応が大事な理由

自分ばかりが話すのではなく、相手に質問することが大事であると前述しましたが、当然のことながら、質問したら終わり、ではありません。むしろ、その後の反応が重要です。

質問後の反応は、相手への関心の高さや、質問相手を大事にしているかを映し出すバロメーターといっても過言ではありません。

たとえば、職場の先輩に「田中さん（先輩）は、週末はどんなふうにお過ごしですか？」と、質問したとしましょう。その質問に対して先輩が、「子供の入っているサッカーチームの手伝いで、週末はコーチをしているんだ」と、答えました。

この場合、「平日は仕事で、週末はお子さんたちのサッカークラブのコーチをされているなんてかっこいいですね」と、反応できたら、さらに話が弾みそうです。

しかし、「あー、私も週末は子供の習いごとで、けっこう忙しくしていまして、なかなか自分の時間はありません」などと、自分のことを話し始める人も少なくありません。

そのような反応だと、結局は相手への関心が低く、「自分も大変だ」ということをアピールしたいだけだと思われかねません。また、そうした反応を「自分は相手の話に共感できている」と思い込んでいるとすれば、それは大きな間違いであることに気づいていただきたいと思っています。

中には、「自分のことを話すほうが相手も話しやすくなるのでは」という考えを持っている人もいらっしゃるかもしれません。

そこで実際に、私の周囲の社会人の方たち（男女合わせて20名ほど）にヒアリングしてみると、9割以上の人たちが「私も忙しくて……」と自分の話をし始める人に対して、「自分の話にすり替える人」『自分の話を挟み込みたいだけの人』というネガティブな印象を持ち、なんらかの不快感を抱くという結果でした。

このように、相手に興味や関心、敬意を持って質問をできたとしても、質問者が、話題を奪ってしまうような反応では、マイナスに作用しかねないのです。

本来、質問というのは「大切な話（情報）を聞かせていただく」という姿勢が前提で成り立つコミュニケーションのひとつだと考えられます。

どのような話であっても、あなたにとって大切な相手に質問し、それを答えてくれているという流れにおいて、どの瞬間にも「ありがとう」という「感謝」の気持ちを示したいものです。

□感謝や感心が込められた反応を心掛ける

先ほどの先輩の事例でしたら「かっこいいですよね」のあとに「総勢、何人くらいのお子さんがいらっしゃるのですか?」「試合では遠征などもあるのですか?」などと、サッカークラブのコーチに関する情報を一段階ずつ掘り下げることで、より詳細の状況を知ることができます。

話題を深めたり広げたりすることで、先輩(相手)は、より気分良く話をすることができるでしょう。

ただ、掘り下げすぎて、会話を終わらせられなかったらどうしようと思われる方もいるかもしれません。

それについては心配ご無用です。質問された人は、質問によって、二段階から三段階ほど、話を掘り下げてもらい、そのことについて話すことができれば、ある程度の満足感を得られる可能性が高いからです。

そのときに質問者が「これからもお子さんのご成長が楽しみですね」「大きな大会が終わったら、また、ぜひ、お話を聞かせてください」などと前向きな反応をすることで、いったんは、話を締めくくりやすくなります。

よく「話の切り上げ方がわからない」というお悩みを受けることもあります。ただ、もしあなたが十分に相手の気分良く話せる機会を作り出し、丁寧に反応されたのでしたら「あっ、そうそう。お話に聞き入ってしまい忘れるところでしたが……」と言って、本題に話題を戻して会話を切り上げ、別れの時間であることを、堂々と伝えてみても良いと思います。

こうした、話の切り上げ方については、著書『その言い方は「失礼」です！』（幻冬舎新書）の中で、数々の具体例を挙げていますので、よろしければ、ぜひそちらも参考にされてみてください。

また、人によっては「あの人は矢継ぎ早に質問してくるから苦手だ」と、不快に思う場合もあります。これは恐らく、投げかけた質問の仕方や内容、タイミングに関する両者間のズレを適度に調整できていなかったことや質問をしやすい状況や、互いの関係性の読み間違いが原因であると考えられます。

個々の関係性については、私が言及することはできかねますが、せめて質問の仕方として、質問後の反応が素っ気なくなかったか、機械的で感謝心に欠けていなかったかどうか、振り返っていただくと効果的です。

たとえば、感謝や感心が込められた反応のバリエーションを使い分け「教えていただいて嬉しいです」「〇〇さんのバイタリティーはすごい」「それは覚悟がないとできない、立派なことですね」「うわ！ アクティブでいらっしゃいますね」「〇〇さんは、本当にかっこいいですね」「私もいつか、子供たちのコーチをしてみたいと思っていたので、とても参考になります」「〇〇さんにお話を聞くことができて私はラッキーです」などと、反応してみてはいかがでしょう。

単に相手に質問をすることや、質問の回数を気にするのではなく、**質問したあとも、あなたが相手のことを大切に思っていることや、気遣いと余裕のある人物であることを、実感してもらえることのほうが目的だととらえてみましょう。**

また、「自分のことも話したほうが相手は安心するはずだ」という思い込みによって、多弁になり、会話中の質問が、関係性にまったく生かされないとすれば、とてももったいないことです。

質問に答えてくれた相手にだけ向けた、丁寧で正直な反応ができれば、きっと相手はあなたとの会話を心地よく感じ、さらに、あなたのことを知りたいという意欲までもが、湧いてくることでしょう。

まとめ

- 質問に答えた相手から話題を奪わないよう気をつけよう
- 余裕のある人は、質問に答えてくれた内容に関して、感謝や感心が込められた反応のバリエーションを持っている

相手の言葉をすくい上げて反応する

日頃の生活の中で、相手から質問され、それについて自分が答えるという場面がありますよね。もしあなたが、参加したお見合いパーティーのようなイベントや、子供の学校行事で出会った別の保護者から「お仕事は何をされているのですか？」と聞かれたとしましょう。

仕事を聞かれて答えるとき、相手の反応によっては、その後の会話が楽しく感じられたり、相手に好意を持てたりすることがあります。あるいは、それとは対照的に、相手の反応によっては、失礼な人だなとか、冷たい人だなといった印象を持つこともあるのではないでしょうか。

たとえば、先ほどの仕事に関する質問をしたところ、「システムエンジニアをしています」「〇〇洋菓子店の製造工場でパートをしています」「工務店で経理をしています」

などと相手が答えたとした場合、あなたはどのような反応をするでしょう?

まず「へー」「そうなんですね」などという一言を自然に思い浮かべられることは良いのですが、その反応のあと、何を言ったら良いのか、困ってしまうということがあります。

そこで、一例としては、「システムエンジニアでいらっしゃるんですね。SEの方って、緻密な作業が多くて大変そうですが、集中力が高い人が多そうですよね」と、決めつけた言い方ではなく、「〜そう」と表現を柔らかくしながら、相手をいたわり、敬えるような反応でしたら、断然、その後の会話が弾むきっかけを得やすいでしょう。

また「うわ、〇〇洋菓子店にお勤めですか。あのマドレーヌがおいしくて人気のお店ですよね! この時期ですとバレンタインデー前だから、フル稼働でお忙しいのではないですか?」という反応は、どうでしょう。共感性を感じられ、親しみやすさがある上、相手の苦労を理解しようとする親身な姿勢までもが伝わります。

そして「工務店で経理をしています」と答えた人に対しては、「経理を担当されていらっしゃるのですか。私は経理のことは詳しくなくて、社内では経理部の方に任せっきりで感謝しかないですよ。〇〇さんは、経理でのご経験は長いのですか」と、自分が精通していない職種の人に対して、知識がない中でも、相手を敬い、興味や関心があることを伝えながら話を掘り下げていくこともできます。

このように、仕事について質問した場合、どのように相手の答えに反応するかで、「自分のことを知ろうとしてくれていて嬉しいな」「この人はまじめな人だな」「話しやすい人だな」「この人とはもっと話したいな」などという感情が芽生え、その後の会話の発展性や、「親しくしたい・しなくていい」といった、関係の方向性に影響を及ぼすことが多いのではないでしょうか。

それでは、シチュエーションを変えて、スーパーや、駅でばったり出会った知人が、あなたに「ちょうど旅行から帰ってきたばかりで…」と、会話の中で説明したという設定で考えてみましょう。

そうした説明（何気ないけれども重要な情報）を聞き流す人より、「そうだったの。それは、お疲れ様。旅行はどちらへ行っていたの?」と、関心を持って、さらりと質問できる人のほうが、「もっと話していたい」と感じられるのではないでしょうか。

「根掘り葉掘り」という意味ではありませんので、安心してください。相手が発した会話の中にある情報を、丁寧に汲み取る作業は、会話をデザインすること、つまり、組み立てていく上で欠かせないプロセスのひとつなのです。

□会話の内容を「分解」して考える

それでは、駅でばったり会ったあなたの友人が、あなたに以下のように話をしたとしましょう。

「今、病院帰りなんだけど、その直前には、仕事のトラブルで電話がかかりっぱなしで、なんとか予約に間に合って帰るところなの。夕飯はなにかテイクアウトしようかなって考えていたところ」

このような何気ない会話を分析してみると、太字にした箇所ごとに、良き聞き手として反応できるポイントが隠されていますのでみてみましょう。

「今、①**病院帰り**なんだけど、②**その直前**には、③**仕事のトラブルで電話がかかりっぱなしで**、④**なんとか予約に間に合って**、⑤**ようやく帰るところ**で、⑥**夕飯はなにかテイクアウトしよう**かなって考えていたところ」

【具体的な反応ポイントの事例】

①「病院って、具合は大丈夫?」「ご家族のこと?」「無理しないでね」
②「用事があるときに限って、そんなことがあるなんてね」
③「仕事のトラブルはなんとかなった?」「それは大変だったね」
④「予約に間に合って良かったね」「それは一安心だね」
⑤「それは本当にお疲れ様」
⑥「うん、今日はゆっくり過ごしてよ」「テイクアウトが楽でいいよね」

相手の話を遮ってまで、全てのポイントに反応する必要はありませんが、**大切なこととしては、何気ない話を分解してみると、相手に共感し、気遣う反応ポイントが、たくさん含まれているということです。**

もし、会話を分解せずに話を聞いてしまうと、「だから何?」「よくある話だな」「これといったオチがないな」などと判断し、「へー」「そうなんだ」といった浅い反応を繰り返すことになってしまいかねません。

ですから、言葉の情報のひとつひとつには、事実と感情が入り交じっていることを的確にとらえるために相手をよく観察し、話の内容を分解してから、会話をデザインするというステップを踏んでいかれることをお勧めします。

そうしたステップの中から、一歩、踏み込んだ温かい心のこもった一言が生まれてくるものです。

また、気の利いたことを言おうと意気込む必要はありません。①〜⑥の例のように、たったひと言でも、その状況に見合う真心を感じさせるような反応ができれば、あなたは十分に、良き聞き手でいられるのですから。

まとめ

- 決めつけた言い方ではなく、「〜そう」と表現を柔らかくしながら、相手をいたわり、敬えるような反応をしよう
- 話の内容を分解してから、会話をデザインするというステップを踏んでいくことで「心のこもった温かい一言」が生まれる

会話が途切れたら「続きをお願いします」と促せる人になる

相手との話に熱が入り、「さあここからが面白くなる所だ！」と意気込んだ瞬間に、「ご注文はお決まりですか」「お待たせしました。ハンバーグのお客様はどちらですか？」などと、大きな声でお店の人に割り込まれたことはありませんか。

このほかにも、第三者に話を中断されるという状況は、往々にしてあります。誰かと話しているときに電話がかかってきたり、大きな虫が飛んできて悲鳴と共に話が中断されたり、未就学児の子連れのママ友たちと会話していると、誰かの子供がぐずりはじめたり、飲み物をこぼしたりなど……話が中断されたまま、その話題が戻ることがないということも珍しくありません。

以前、レストランで友人と食事をしていたら、「ハッピバースデートゥーユー」と、暗くなった店内で、数人の店員さんが歌いながら、別のテーブルのゲストを盛大にお祝いするというシーンがあり、しばらく自分たちのテーブルで会話ができなかったということもありました。

そんなとき、状況が落ち着くとすぐ、話の途中だった私に「珠央さん、それで、それで」「ごめんね！　続きを教えて」などと、言ってくれる人がいて、そうした心遣いに、とても感激した経験がありました。

私自身も同様の状況で、途切れてしまった相手の話が再開できるタイミングでは必ずと言っていいほど（徹底して）、「それで、それで?」と、続きを促すようにしています。それは、礼儀や思いやりであるとともに、相手との会話をどれだけ真剣に聞き、内容を理解しようとしていたかの表れでもあると、私は感じているからです。

ところが、話し手の話が、なんらかの理由で中断されたというのに、その後、聞き手が、それまでの話の続きを促さないとか、話題を変えるとすれば、その聞き手は、話への関心も、話し手への敬意もない人だと思わざるを得ません。

私たちは、常に会話に集中できる完璧な状況下にいられるわけではありません。前述のような突発的な出来事もあれば、リモート会議では電波の環境などにより、画面が突如としてフリーズしてしまい、音声が聞こえなくなってしまうなど、あらゆるハプニングが想定できます。

そうしたとき、中断された時間と、中断される直前の時間を、気の利いた一言で、うまくつなぎ直せる人がいてくれると、頼もしく感じられて、安心します。そういう人とは、なぜか会話の馬が合うことがほとんどです。

このように、中断された会話を素早く修復するという場面のほか、仮に、偶然にも、駅のホームでばったり知人に会うという場面を考えてみましょう。

会話の中で「そういえば、私、先月に転職したの」と相手が話し始めてすぐに、お互いが待っていた電車がホームに到着し、行き先が異なる電車に、それぞれが乗車しなくてはいけない時間となってしまいました。

そのようなときには、別れ際に「そうだったの。心機一転、転職先でも頑張ってね。また今度、話を聞かせてね！」と、ほんの数秒のメッセージを伝えられたら、きっと相手はあなたのエールを受け止めて、前向きな気分になれるのではないでしょうか。

このように、会話というのは、その最中のみならず、**話が中断してからの再開や、**

時間が限られた、別れ際にも相手を気遣うシンプルな一言の工夫によって、お互いに心を和ませることができるのです。

といっても、難しく考える必要はありません。もし、会話が中断して、再開できたら「続きを教えてください」「今は時間が足りなくて残念！　ぜひ、今度じっくりと聞かせてね」などと、伝えるだけでよいのですから。

そして、別れ際には、「無理しないで、頑張ってね」「お元気でね」「お大事にね」「またいつか、お話を聞かせてね」「お互いに、なんとか乗り切ろうね」などと、相手にエールを送ることができれば、短い時間でも、十分に相手と温かい気分の交換ができるでしょう。

まとめ

□「それで、それで？」は中断された会話を修復し、相手に安心感を与える気の利いた言葉である

「会釈」のパワーで会話のきっかけをつかむ

唐突ですが、あなたが、「なんて話しやすい人なのだろう」と、感じる人と話したときのことを思い出してみてください。

その「話しやすさ」の理由について観察してみると、既に話す前の段階から、相手から何かを感じ取っていたのではないでしょうか。

たとえば、あなたが誰かに道を尋ねる場面を思い浮かべてみてください。相手が視界に入った瞬間に、気難しそうで、高圧的な人だとわかると、こちらから積極的に話そうとは思いづらいですよね。

その反面、相手を見たときに「あの人は穏やかそうだ」「親切そうだ」などと感じられれば、話しかけてみようかなと思うのではないでしょうか。

つまり、誰かと話す前の段階で、**「話しやすい人」という雰囲気を醸し出せれば、人**

を引き付けられるアドバンテージ（優位性）を持っているということになるのです。

ちなみに、決して「誰かに道を聞かれる人を目指そう」ということを説明しているのではありません。ここで伝えたい重要なことは「話しやすい雰囲気」を具体的に表せる人ほど、重要な仕事のチャンスや、気の合う人との出会いの可能性を高められるという話なのです。

それでは、人を引き付けるアドバンテージにつながる、具体的な実践法を3つ紹介します。

1. 口角を2センチ（あくまで目安）上げた表情をキープする
口角を意識すれば次第に表情全体が優しい印象になる。

2. 目が合えば会釈する
相手の表情が硬くても気にせずニコッとしながら会釈する。相手よりも1秒は長く見るつもりで大らかに。

3．声に出してあいさつをする

状況に合わせて「おはようございます」「お疲れ様です」「どうも」「寒いですね」「雨が降ってきましたね」など臨機応変に伝える。

いずれの内容も、すぐにできることばかりです。特に重要なのは、「目が合えば会釈する」という行動です。これさえできれば、相手に自ら話しかけるという高いハードルを飛び越えなくても、自然に会話を始めるきっかけを作ることができます。

実際に、私も〝会釈〟によって、図書館やカフェ、オフィスに入る別の企業の方々や、同じマンションの住民の方、そして子供たちの学校の保護者の方々まで、初対面で、それまでなんら交流がなかった、あらゆる人たちとの会話のきっかけを得ることができました。

また、私のクライアントの方の中で、初対面の人との交流が苦手な人たちにも、〝会釈〟を実践してもらったことで、大きなストレスをかけずに、会話のきっかけをつかむことができたという嬉しい成果を多数、聞いています。

方法は簡単で、口角を2センチくらい上げた（無理をせずにできる範囲で）にこやかな表情で、頭だけを15度ほど傾けてお辞儀をし、頭を上げたときにも、にこやかな表情のままで相手の目を見るという動作です。

この会釈ができれば、わざわざ声を張り上げてあいさつをしたり、唐突に話しかけて、慣れない質問をしなくても済みます。また、何よりも、お互いにごく自然で、大きなストレスを感じることなく、相手との関わりを生み出すことができるのが利点です。

注意すべき点としては、「会釈」は、あくまで、きっかけに過ぎないということです。ですから、会釈ができたことだけで終わるのではなく、たとえば、同じオフィスビルでエレベーターを待つ人であれば、目が合って、会釈のあとに「今日は、（エレベーターを）待つ時間がいつも以上に長いですね」と、にこやかに話しかけてみるのです。

そして、エレベーターを降りるときに「失礼します」「じゃあ、お気をつけて」などと、再びにこやかに声を出せれば、次に偶然、会ったときには、より自然にあいさつができるようになっていくでしょう。

最初から長々と会話を続けようとしなくても良いのですから、まずは「小さなきっかけ」を、コツコツと作り続けることが重要だと思えたら良いのです。

人付き合いというものは、自分から動かない限り、広がることも、深まることもありません。

もし、あなたの周りに、「話してみたいな」という人がいたとしましょう。緊張するのも、恥をかくのも嫌だから、その相手とは、目も合わせず、何も行動を起こさずに、機会を見逃し続けているとすれば、その相手と関わるチャンスは一生ないかもしれません。

私自身も、話してみたい人に会ったときは緊張もしますし、恥をかきたくないと思うこともあります。しかし多くの場合、それは相手も同様に考えていることです。ですから、自分自身がコミュニケーションのきっかけを作るという勇気をほんの少し持ってみようと考えています。

その勇気が報われることもあれば、そうでないこともたまにありますが、うまくいかなくても気にする必要はありません！　気が合う人とは、きっといずれつながれるタイミングが訪れると、おおらかに考えていれば、それが余裕となって表情や話し方にも表れ、あなたには、より落ち着いた雰囲気と、自信があるゆえの魅力を纏うことになっていくのですから。

さあ、本を読んだあと、早速、一度、3つの実践法を活用して会釈を試してみませんか。

まとめ

- 目で交わす会釈で、コミュニケーションの自然なきっかけを作ろう
- 初めて話すときに緊張し、恥をかきたくないと思うのは皆同じ。だからこそ、「小さな勇気」を持って行動することに価値がある

「あのー」の使い方を見極める

ひとつ簡単な質問をさせてください。あなたは、物事を効率的かつ合理的に考える人でしょうか？

たとえば、「旅先で記念のお土産を買うのは無駄遣いだ」「職場の人と仲良くなる必要はない」「どうせ捨ててしまうのだからプレゼントにラッピングは必要ない」など。

これらは、少し極端な例かもしれませんが、特定の物事が無駄か、無駄でないかについての考え方は人それぞれです。

同じように会話の中にある「無駄」について考えてみましょう。

たとえば、つい言ってしまいがちな、「あのー」「まー」「そのー」「えーと」という言葉です。これらは、音声コミュニケーションの研究において、「フィラー」と呼ばれています。このフィラーは、会話の中で、乱れや無駄としてとらえられ、使わないほうが良いと思われることもあります。

それでは、果たしてフィラーは本当に無駄なのでしょうか。

確かに、「あのー、その商品に関しましては、えーと……」と話すより、フィラーを取って「その商品に関しましては…」と話すほうが、よりすっきりと内容が伝わることがわかります。

けれども、もし商品説明の中に、相手に言いづらい情報が含まれているとしたら、どうでしょう。

たとえば、販売員が買い物客から「とても気に入ったので、このグラスを4個買いたい」と言われたとします。しかし、商品は現品限りの1個で、「在庫がなく、既に製造中止である」という情報が背景にあるとしたら。

そのときに「あのー」と一言加え、「申し訳ございませんが……」と説明することで直後に伝える情報の直接的な衝撃をやわらかくする効果があります。唐突に「そちらは現品限りです」と言われるより、感情を込めて、真摯に対応しようとしている姿勢を感じ取ってもらえるのではないでしょうか。

別の例では「そのー、お気持ちはわからなくもないのですが」と、伝える際の「その一」についてみてみましょう。その直後に、聞き手にとって望ましくない回答を伝えなくてはいけないが、相手を傷つけたくないための言いよどみとして、話し手の人間味が感じられる場合があるかもしれません。

つまり、会話の中で無駄だとされるフィラーは、話の背景や状況によっては、話し手の情が感じられ、相手の不安や恐怖心を和らげたり、互いの関係性を保つための小さな気遣いという役割を担う場合もあるといえます。

□フィラーは30秒に1回までと意識する

ところで、冒頭の質問において、私自身は「はい」と答えるほど、私自身はどちらかといえば合理的で、効率的に考えるタイプです。

話す言葉や、文章を書くときには、曖昧《あいまい》な表現や、同一の内容の重複を避け、端的でわかりやすく説明するために、話す時間を秒単位で意識するなど、伝えることに対する、明確な判断基準を持っています。

そうした基準を持つ理由は、ビジネスにおいても、家族や友人とのコミュニケーションにおいても、余計な言葉や、過剰な気遣い（思い込みや、決めつけによる）をなくし、シンプルに考え表現するほうが、わかりやすく、また気分よく伝え合えると思っているからです。

ただ、それは個人的な考えであり、相手に押し付けてしまっては「吉原さんと話をすると緊張する」と、不快感を抱かせてしまう可能性もあります。

ですから、自分が感じている「余計な言葉（話）」「過剰な気遣い（断りたいのに『ノー』と、はっきり言わないなど）」についての線引きが、相手にとっても同様に心地よいものであるのか、あるいはそうでないのかは、相手の目線でも判断することが不可欠だと感じています。

自分が良かれと思った判断基準で話していても、相手にとっては「冷たい感じがする」「なんて機械的なんだろう」などと感じさせてしまうこともあるでしょう。そのため、私たちは、相手に合わせた話し方のデザインを臨機応変に求められているのです。

一見すると、無駄だと思われがちなフィラーでも、相手の緊張感をほぐし、相手に考える時間や心理的な余裕を与えるなどと、状況を良くするため、意図的に使っているとすれば、それは無駄ではなくなります。

気をつけたいこととしては、意図的であるといっても、フィラーの使用頻度を適度に調整しないと、耳障りに聞こえる場合があることです。もともと、「あのー」「えーと」を声に出しやすい人は、まずは30秒に1回までにするという目標を持って、会話に臨んでみてはいかがでしょうか。

慣れてくると、フィラーだけでなく、説明の長さなどにも意識を持てるようになり、自分が使いたい言葉や表現を、相手に合わせながら、より自在にコントロールしやすくなるでしょう。

まとめ

- 一見、無駄とされるフィラーが、話の背景や文脈によっては、人情味を感じさせ、相手の不安を和らげることもある
- 「あのー」「そのー」といったフィラーの使用頻度は30秒に1回までにすることを目指そう

控えめになることは必ずしも「気遣い」になるわけではない

「大したことではないし、あえて伝えなくてもいいだろう」

こんなふうに、仕事やプライベートの中で、自分からなんらかの情報を伝えない判断をすることがあります。

たとえば、あなたが勤務する会社の会議室を使用したあとで、次に使用する人たちのために除菌シートを使ってテーブルを拭いておいたとします。

その際、会議室を退室し、次に使うメンバーとすれ違ったとき、「テーブルを拭いたことなど、あえて伝えなくてもいいだろう」と、判断する人も多いのではないでしょうか。

確かに、重要度で考えてみたら、「テーブルを拭いた・拭かない」という情報は、それほど高くないかもしれませんし、恩着せがましいと思われるのを避けたいという気持ちもわかります。

ただ、次に会議室を使う人に「お疲れ様です。テーブルは除菌シートで拭いてありますので、ご安心ください。それでは失礼します」と、さらりと一言、伝えてみたらどうでしょう。

会議室に新たに入ってきた人たちは、気分よく感じられ、面倒なテーブルを拭く作業をしなくていいという判断がスムーズにできて効率的です。

また、同じ状況で、会議室のホワイトボードのペンのインクが切れてしまっているとします。

その際、次に使用する人へ、「黒のペンがインク切れでしたので、発注しておきました。もしボードを使用されるようでしたら、青いペンは使えますのでそちらをご使用くださいい」と伝えたとしましょう。そのことで、次に会議室を使用する人が、「黒いペンがないじゃないか」と、イラッとする無駄な時間を回避できるはずです。

自分が知っている情報に対して、「大したことではない」「どうせ本人も気づくだろう」

などという憶測だけで、判断してしまうことが、私たちの日常には、たくさん起こります。

しかし、「もしかしたら、自分が伝えるほうが、相手に余計な作業や、決断のストレスを課さなくて済むかもしれない」と想像してみるといいですよね。

深く考え過ぎず、そして恩着せがましくない伝え方を意識して、自分がしたことを簡潔にシンプルに声に出して伝えられるよう、日頃から準備しておくとスムーズかもしれません。

そこで、職場で起こりそうなシチュエーションを取り上げたシンプルな伝え方の事例を、いくつか以下に紹介します。

・コピー機を使用しようとしている先輩に対して↓「あっ、つい先ほど、用紙の補充は済ませていますので、ご安心ください」
・会議室に向かう同僚に対して↓「10分前くらいから、換気のため窓を開けているので、もし寒いようでしたら窓を閉めてくださいね」

・休憩室へ向かう後輩に対して↓「お疲れ様。部屋の蛍光灯が切れそうでチカチカしているのだけど、管理室に交換を依頼したら、今日中に替えてくれるそうだから、少し我慢してね」

このように、あなたが気を回し、相手のために何かしらの作業の準備をしてあげたとしましょう。そんなとき「私が伝えなくても、相手が気づくだろう」という思い込みによって、あなたのせっかくの気遣いは、相手に何も伝わらないままになっています。

相手にとって役立ちそうなことであれば、控えめになりすぎず、「それは準備しておきましたので、ご安心くださいね」と、さらりと伝えられる習慣があれば、相手と自然な接点を持てるというチャンスにもなります。

そうした小さな接点を多く持つことは、いつか、何か相手に協力してほしいときに、依頼のハードルを下げてくれる重要な、信頼という名のカードになることも考えられます。

「恩着せがましいのではないか」「厚かましいのではないか」などというのは、あなたの思い込みかもしれません。思い切って、「ここまでは私がやっておきましたので、ご安心くださいね」と、相手に伝えられるあなたは、礼節と自信にあふれる、頼り甲斐のある人物に映っているのです。

まとめ

- 「大したことではないから伝えなくていい」という決めつけをなくしてみよう
- 「それは準備しておきましたので、ご安心くださいね」と、さらりと伝えられる習慣で、相手と自然な接点を持てるというチャンスを大事にしよう

大変な状況下にいる人を無責任に励まさない

年代や属性などに限らず、誰もが何かしらの厳しい現実と向き合い、それらを抱えながら暮らしていることが想像できる世の中です。

私の場合、40代半ばになり、自分も含め、周囲の人たちからは高齢になった家族の病気や介護にまつわる話を聞く機会も増えてきました。

「母がボケちゃって」と、認知症になったお母様のことを明るく話してくれる方もいれば、周りの人たちを心配させまいと、できるだけ介護の話題を避ける方もいます。

前者のように「ボケちゃって」と、高齢の家族の介護をされているご本人が口にされても、それは身内だから言えることであり、話を聞いている他人も一緒になって「本当、それは完全にボケちゃっていますね」などと反応するのは、失礼であると私自身は感じます。

そして想像すべきは、介護は、介護されるご本人の状態が改善される可能性がかなり低い中、かつ、自分自身の老いについての現実を突きつけられながら、先の見えない不安を抱えて家族を支え続けるものであるという現実です。

そうした家族を介護する立場にある人たちは、体力的にも精神的にも、また経済的かつ時間的にも、負荷を感じながら日々を過ごしていらっしゃるのでしょう。

また、介護といっても当然のことながら、介護する立場の人にも生活の事情があり、自分の体調や仕事のこと、ほかの家族へのケアも必要で、毎日忙しく一喜一憂し、落ち込む余裕すらないという方も珍しくありません。

もちろん、介護の時間に慈しみを感じ、前向きにとらえている人たちもいるでしょうが、それでも、人それぞれに、精神力や体力を消耗しているはずです。

そういった介護の話題が出るとき、介護の経験がないからといって、何を話して良いものかわからないとか、自分も経験があり、つらさはわかるが、どのように相手を受け止めるべきかなど、悩んでしまう人もいらっしゃるのではないでしょうか。

まず、そのように悩んでいる時点で、あなたは相手を理解しようとする、優しさのある人なのだと思います。

このような場合、答えはひとつではありませんが、相手の話を丁寧に聴くということを前提として（話を聴いて共感するだけでも十分に気持ちは伝わるでしょう）、このような声掛けを試されるのも、よいかもしれません。

【『母がボケちゃって』と介護について話した人（○○さん）への声掛けの一例】

「○○さんが、いつもこんなに気にかけていらっしゃって、お母様は幸せですね」
「○○さんは、いつも本当に頑張っていらっしゃいますね」
「○○さんは、たまにでも休めていらっしゃいますか？」
「お母様との時間をとても大事にされていらっしゃることが伝わります」

中には「（母が）ボケちゃって」と明るく話すことで、相手にも笑ってほしいと思われる方がいるかもしれません。ただ、そのときの笑いの背景には、さまざまなドラマがあるのだと想像できれば、「〇〇さんは、前向きでパワフルな方ですね。お母様、こんな娘さんだったら頼もしく感じていらっしゃいますよね」と、伝えられるのです。

「大変ですよね」「つらいですよね」と、状況に対する共感の言葉だけでなく、その状況の中で、相手が努力されたり、工夫されているであろうところに、視点を向けてみると、敬意のこもった言葉で反応することができるはずです。

大変な経験や、つらい思いをしている人との会話で大切なのは、わかったようなふりをしたり、正論や一般論を話すことではありません。共感性と相手を敬える想像力と、それを言葉や態度で表現できてこそ、あなたが抱く、「少しでも力になりたい」「応援したい」などという思いが、「ちょっと元気になれたかも」と、相手の心のエネルギーになっていくのです。

まとめ

□ つらい思いをしている人との会話で大切なのは、共感性と相手を敬う想像力

プライドを見せるより「感謝の口癖」を使おう

「私はこの仕事にプライドを持っている」

こんなふうに言い切る人がいます。また、プライドというのは「誇る」ことを意味するため、たとえば教員が教え子に対して「君たちは、誇れる生徒です」であるとか、プロスポーツ選手が試合で良い結果を出したとき「意欲と行動力のあるチームに恵まれて、誇りに思います」などといえば、清々しい印象です。

ただ、他人から「あの人はプライドが高い」というふうに指摘される場合、ポジティブな意味より「偉そうな人」「自慢する人」「人を見下すタイプ」「思い上がり」などといった、ネガティブな意味で使われることが多いように感じます。

自慢話や、聞かれてもいないのに成功談を語り、うまくいったことの原因は、すべて自分の手柄や実力であると過信し、執着しているような言動が目立つ人がいると、傲慢で自己中心的に見えてしまうこともあります。

そうした態度が、意欲的であるとか、野心家であるといったプラスの印象に評価される場合もありますが、それは本人に類まれな才能や実力があり、それが世の中において、大きく貢献している場合など、かなり限定された環境においてのみだと思っておいたほうが良いかもしれません。

さらに、プライドというのは、自己愛の高い人が自分を否定されたとき、恥をかくことを避けるために見せる傾向があることを指摘する論文もあります。

確かに、私自身を振り返ると、本書の最初の項目「自己紹介では『感謝』を示す」（P16）の中で紹介したように、ばかにされたくないとか、少しでも賢いと思われたいと必死な言動をしていたことを思い出します。

自分が高く評価されることを求めれば求めるほど余計な一言が増え、その分「この人の器は小さい」「大したことはない」などと思われて、互いの距離を遠ざけ、損をするだけなのです。

そのようなことからも、プライドとは、私たちが生き方を考える上で、改めて立ち返りたい重要なキーワードのひとつであると感じます。

くり返しますが、何かにプライドを持つこと自体は、素晴らしいことだと思います。問題なのは、それを必要以上に他人に見せてしまう（見せるつもりなどないとしても）ことです。

たとえ、本人が言動に気をつけているつもりでも、言葉足らずの場合、「プライドが高くて、他人に興味がない」などと勘違いされてしまうこともあるので、気をつけたいところです。

そこで、プライドは自分の胸の内に秘めておき、相手への感謝の気持ちが伝わり、距離感を近づけられるような口癖にしたい表現例を紹介します。

「皆さまのおかげです」

「たくさんの方々が応援してくれたおかげです」

「〇〇さんがいてくれて助かりました」

「私だけでは、とても思いつかないアイディアでした」

「〇〇さんとご一緒できて、とても心強いです」

もし、あなたが何かしらの高い能力やセンスを持っていたとしても、あるいは、あなたのほうが相手より観察力があって、気遣いが上手だとしても、その事実を一旦、脇に置いてみます。

その上で、**「あなたのおかげです」といった口癖がある人には、自然と人望が集まっていくでしょう。**

周囲への感謝を示さず、まるで自分だけが万能で、自分は最初からなんでもわかっていたと言わんばかりのプライドを振りかざす人には、本人が困ったときに「あの人はなんでも自分でできる人だから」と皮肉を言われ、孤立する可能性すら考えられます。

アメリカのワシントンでセラピストをしているスティーブン・ストスニー博士は、感謝することのメリットには「ネガティブな感情を制御する」「前向きな行動の変化を促す」などがあると、『Psychology ToDay』（2023年8月）の記事で述べています。

あなた自身のプライドは心の中で大切にしつつ、周囲に感謝心を表すことで、感謝することのメリットの恩恵を、今まで以上に、たくさん受けてみるのはいかがでしょう。

さあ、紹介したような口癖を自然に使って、感謝の気持ちを周囲に伝えるチャンスを、これまでの2倍以上に増やしてみましょう。そのほうが、ずっと気持ちよく人との距離を近づけながら関わることができて、かつ、あなたの前向きな行動力にも影響を及ぼしていくのですから。

まとめ

- 「プライドが高い人」と思われることは、傲慢さのある器の小さい人と思われることと同じこともある
- 「あなたのおかげです」という感謝の口癖を増やせば、自分自身のネガティブな感情を抑え、前向きな行動の変化を促せる

会話の中の「数」の情報をうまくキャッチする

ちょうど1年前、それまでは「世話が大変だから無理！」と思っていた私の意志とは裏腹に、ご縁があって我が家で犬を飼うことになりました。

ムクと名付けた愛犬と実際に暮らしてみると、それ以前に想像していたよりも世話の大変さや、犬の臭いや抜け毛のストレスなどは大きな問題にはならず、今では私たち家族にとって、かけがえのない存在になっています。

そのようなペットに関する話を家族以外の人としていて会話が弾む場合もありますが、「もうこの話はやめたほうが良さそうだ」と、感じることがあります。

その差は、相手の反応の違いから来るものです。

たとえば、会話が弾むと話し相手というのは、ペットの話に派手なオチがなくても「それはかわいいね」「そんなことされたらたまらないね」「うわ、（犬も）人の気持ちがわかるのかもね」などと、反応してくれます。さらには、「ご飯はドッグフードなの？」「そういうときはどう対応するの？」などと、犬を飼うことの経験値や関心度に関係なく、質問をしてくれるという傾向もあります。

一方で、会話に関心がないことがあからさまな場合とは、「そっか」「へー」という反応がほとんどで、話を広げるような反応もなく、質問をしてくることもありません。

とはいえ、ペットに関する話題は、好きな人と苦手な人、無関心な人もいます（以前の私がそうでした）。ですから、よく相手を観察して、相手の関心に合わせた話題選びは、当然の気遣いとして気をつけています。

ところで、こうしたペットの話題を含め、普段の何気ない会話は、古典落語のように、噺の最後に必ずオチがあり「もうすぐオチが来るよ」という流れで、楽しみながら、安心して聞くことができる芸能とは異なります。つまり、私たちの話す内容には、説明と結論（オチ）の緩急の差があまりなく、話の流れが終始、緩やかなことが多いということです。

それでは、そのように緩急がなく、オチのない話に対して、どのように反応すれば良いでしょう。

そのポイントとして、話題に出てくる数値の情報をヒントにする方法がありますので、紹介します。

【例文】
「犬を飼いはじめてちょうど1年位になるので、すっかり犬のいる暮らしが定着してきました」

（数値の情報から得られるヒント）

1年といえば、四季折々の景色や、イベントなどを一巡して、愛犬といろいろな経験を共有しているはずだろう。犬の場合、1歳といえば人間では6歳前後らしいから、幼稚園の年長くらいかな。だとすると、きっと元気いっぱいで甘えん坊な時期だろう。

「今ではうちの犬の排泄のタイミングもわかってきて、だいたい1日に3〜4回はおしっこをしています」

（数値の情報から得られるヒント）

寝ている時間を除くと、3〜4時間に1回は世話が必要ということだから、意外に大変なのかもしれない。1日に4回位はトイレ掃除をしていることになると、おしっこシートなどの消耗品も結構、多いのかもしれない。

このように、数値的な情報を、実生活の中に落とし込んでみると、相手の話に対しての、自分なりの感想や関心を持ちやすくなります。それを具体的な反応として活用することができれば「それは大変ですね」「そんなに頻繁にケアされるのですね」「そうすると、留守のときはどうされているのですか？」などという、相手の話に関心があるような反応（質問も含め）ができるのです。

動物を飼うという話題以外でも、趣味を聞いたら「小学生の頃から始めた書道を社会人になった今でも続けている」と話した人がいたとしましょう。

その場合は、「えー、そうしたらもう30年近くも書道を続けていらっしゃるのですね！

それは、素敵ですね。個展を開いていらっしゃるとか?」と反応することができます。

また、「最近は、会社の同僚の影響で、オンラインゲームにハマっています」と話す人がいれば、「そうでしたか。私はあまりゲームに詳しくないのですが、いったんゲームを始めると、どのくらいの時間、続けられるのですか?」と、数字に関する情報に着目すれば、簡単に質問することもできます。このように、数値的な情報は、質問を設定しやすい良いメリットもあります。

話のオチがわかりにくいとき、あるいは、その話題に関心が持てない場合でも、数値的な情報をひとつのヒントとして反応できれば、話し手が満足できるような、良き聞き手に一歩ずつ近づけることでしょう。

まとめ

■会話の中で相手が話した数字（年数や時間など）の情報をすくい上げて、会話が弾むきっかけを作ろう

「雑」という言葉を使わない

あなたの周りにいる、「この人は信頼できる」と思えるような、温かく、真心を感じられるコミュニケーションを取れる人たちを想像してみてください。そうした魅力のある人たちは、話をわかりやすくシンプルに伝えながらも、丁寧さを損なわないよう細心の注意を払っているようにも見えるのではないでしょうか。

そのような会話での丁寧さについて考える上で、私が気になっていることがあります。それは、「雑談が盛り上がる」「雑談は大事」などという言葉の使い方と、考え方です。

といっても、「雑談」という単語を発している人からすれば、それほど深い意味はなく、むしろ身近な言葉として一般的に使っているのでしょう。

私の場合、丁寧さを意識し、あえて雑談とは言わず、「会話」「話」「おしゃべり」などと表現するようにしています。

ちなみに、「雑」という意味は、一般的な国語辞典などを調べる限りでは、「おおまか」「いいかげんなさま」などと記され、類語として「粗雑」「杜撰《ずさん》」「乱暴」などとも記されています。

このような意味が含まれるだけでなく、「雑にやっておけばいい」「それは酷く雑な仕上がりだ」など、どちらかといえば、良くない状態として使われることがほとんどです。そのため、自分以外の人を巻き込む談話について、「あなたと雑談ができて嬉しかったです」という言い方が、相応しいのか否か、疑問に思うことさえあります。

さらに、勉強や仕事、スポーツなどにおいては、「集中するために頭の中の雑念を取り除く」といったような使い方で、「雑」という言葉が使われることも珍しいことではありません。

しかし、ここでも「雑」という言葉について考えさせられることがあります。

その理由を述べる前提として、私の仕事のひとつである「ストレスケアコーチ」について、簡単に紹介させていただきます。現在、私は認知行動療法を取り入れたカウンセリングクリニックにおいて、「ストレスケアトレーニング」という、精神科医師の監修のもと、医師と共同で開発したトレーニングのコーチの仕事もさせてもらっています。

これまで、コミュニケーションのコンサルタントという仕事を続けてきた経験の中で、人々がストレスをケアすることは、パフォーマンスの向上だけでなく、その人の生き方においても切り離すことのできない重要な問題であると痛感しています。

その具体的なトレーニング内容は、認知行動療法や、マインドフルネスの分野から、集中力を高め、心身の緊張をほぐすといった効果的な呼吸法や、感情の言語化、体の筋肉を緩めることを目的とした筋弛緩法などを取り入れた、マンツーマンのプログラムです。

ちなみに、私自身の過去を振り返ってみると、20代の頃からストレスに対しての関心が高く、ヨガや呼吸法をはじめ、医学的に行われるリラクセーション法などを、専門家の指示を受けながら積極的に生活に取り入れてきました。

そのような経緯もあり、マサチューセッツ大学医学大学院教授であり、マインドフルネスの第一人者ジョン・カバットジン博士が開発したマインドフルネスプログラム『MBSR』（マインドフルネス ストレス低減法）を受講したこともありました。

『MBSR』は欧米の多数の研究機関によって、幅広い効果実証が40年以上積み重ねられてきた世界標準のプログラムです。

そのプログラムを受講中、瞑想が長続きせず、つい別のことを考えてしまう私たち受講生に対して、講師の先生が話してくれたことが印象的でした。

それは、「湧き上がってくる考えや思いを邪魔なものだと思うと、その中に入り込むことが、まるで失敗したような気分になってしまうかもしれない。けれども、考えや思いが浮かんでくる状態をあるがままに受け入れて、気にすることなく、淡々とやり過ごしていきましょう」といった内容でした。

プログラムを受講した期間中、一貫して、「雑念」という言葉をあえて使わず、雑に扱うべき思考はひとつもないということを、私たちに教えてくださったのでした。

「雑」という言葉には、私たちが物事を考えるとき、「この程度でいいだろう」とか、「くだらないことだ」などと決めつけて、深掘りしたり、丁寧に考えてみることを自らが、遠ざけてしまう影響力があるように思ってしまいます。

そこで、雑談にしても、雑念にしても、「雑」という言葉を使わずに表現することで、話や考えを丁寧に扱える心構えが整えられ、ひとつひとつの言動に思慮深さが増していくのではないかと考えています。

雑談ではなく、「談話」「対話」「会話」「おしゃべり」などと言い換え、雑念ではなく「自然に湧き出てくる考え」「それも、あるがままの考えのひとつだ」などと、見方を変えてみると、あなたの言動の何かが良い変化を起こしてくれるかもしれません。

丁寧で柔和な言葉で考え、それを実際に表現することで、考えのとらえ方もが変わり、自分と相手の気持ちを大事にしながら、目の前の出来事を、より冷静に対処できる自分へと進化させていきたいですね。

まとめ

- 「雑」という言葉から離れてみる
- 言葉の選び方次第で、あなたの言動はより丁寧さと思慮深さを増していく

おれは気持ちが冷めない12時間以内に伝える

幼稚園の年長の頃、お礼について、祖母から厳しく教わった、ほろ苦いエピソードがあります。

当時、離れて暮らす祖母が、幼い私には、圧倒されるほど大きく立派な学習机を、小学校の入学祝いにといって買ってくれました。

学習机が届くとすぐさま、母は私に「おばあちゃんに電話で『ありがとう』と伝えなさい」と、言いました。しかし、「お母さんが電話してよ」などと、生意気なことを言って、電話せずに数日が過ぎていきました。

そんないい加減な態度に業を煮やした母に一喝され、私は渋々、祖母に電話をすることになりました。

ちなみに、父方の母である祖母は教育熱心な上、躾にも厳しい人で、相手が大人でも子供でも物事をズバッと言い切るタイプでした。そんなこともあり、電話する前に、「すぐにお礼を言わなかったから、きっと怒られるだろうな」と、予感していました。

案の定、予感は的中し、私が電話で「おばあちゃん、立派な机を買ってくれてありがとう」と言った瞬間、「なんでこんなにお礼が遅いんだい⁉」と、強い口調で言われたのでした。

続けて、「スープは熱いうちに食べるとおいしいのと一緒で、お礼は、相手に何かしてもらったら、熱が冷めないうちに、すぐに伝えないと（相手の）心が冷めるものなんだよ。珠央、わかったかい？」と言われ、私は落ち込みながら謝ったのでした。

当時は、電話口の祖母の勢いが怖くて「そんなに怒らなくてもいいのに」と、いじけましたが、祖母の言ったことの意味は、その後の自分の人生の中で、忘れられない教訓として体に染み込んでいきました。

あの頃の私には、「すぐにお礼をしなくても大丈夫だろう」「いつかは、お礼をするのだからそれでいいだろう」などという決めつけや、思い込み、さらに、「母がお礼を伝えるだろう」と、祖母は身内だからという甘えもあったのです。

それでは、状況を変えて、自分が誰かに何かプレゼントを贈ったり、頼み事を引き受けたあとのことを考えてみます。すると、身内であろうと他人であろうと関係なく、「ありがとう」と、感謝の意を伝えてもらうタイミングが早くて真剣なほど、「この人は律儀な人だ」「この人は愛嬌があるな」などと感じられ、まじめで誠実な気持ちが伝わり、信頼感や親近感を覚えます。

そうした体験から「またこの人に何かしてあげたい」と、相手のために身を尽くすことへの意欲にもつながっているように思えます。

現在は、相手に何かしてもらったことへのありがたい気持ちは、そのことを直接、相手に伝えない限りは、お礼が成立したとは見做されないのだと肝に銘じています。

人に何かしてあげた人と、それを受け取る人が存在するとき、前者は後者が受け取るずっと以前から、考え、準備をして、時間と労力を使っているという事実があります。

しかし、当然のことながら、後者が前者のことを考える時間というのは、「受け取ったあと」から、スタートしています。

祖母とのエピソードに戻りますが、きっと祖母は、私の身長や、その先の成長を考えてくれた上で、最適なサイズや機能の学習机を選び、机の寸法から配送のことまで、多くの時間と労力をかけてくれていたはずです。

40年以上も前で、オンラインで買い物ができない時代でしたので、祖母は家具店へ足を運び、直接、店員の方とやり取りしてくれたのでしょう。また、配送手続きには、それなりに時間がかかったでしょうし、配送日が決まっても、無事に届くかどうか気にしていてくれたに違いありません。そのような心情を思うと、たった一本、すぐに電話をすることを面倒がり、今は亡き祖母の心を冷やしてしまったことが悔やまれます。

ただ、あのように厳しく叱ってもらえたおかげで、それ以降は、祖母に何かしてもらったあと、すぐにお礼を伝えられるようになり、教わったことを実行できたのではないかと思います。

現在、仕事の場面でも、メールは確認後、「即返信」を心がけていますが、プライベートでも、何か相手が骨の折れることをしてくれたら、目安として12時間以内（遅くとも24時間以内）には、お礼を伝えるよう気をつけています。

何か頼み事をした人や、贈り物をしてもらった人に会う前には、たとえ既にメールでお礼を伝えていたとしても、「〇〇さんにお花のお礼」とスケジュール帳に書き込み、会ったときにも改めて口頭でのお礼を伝えるよう習慣化しています。

お礼の気持ちを最大限に相手に伝えるために、誰もが「熱いうち」という時間感覚を、改めて考えながら感謝を伝えることができれば、きっと、より気分良く助け合い、協力し合える人間関係のサイクルが回り続けていくのでしょう。

まとめ

- 感謝の気持ちはできるだけ早く、相手が費やした時間と労力を想像した上で伝えよう
- お礼の気持ちは、相手に直接伝えた時点で初めて成立する

謝罪ができる人は相手の心を動かせる

謝罪の場面では、相手や状況によって、表現法はさまざまですが、「ごめんなさい」「申し訳ございません」など、前節で述べたお礼の考え方と同様に「熱いうちに謝る」ということを実践できたらいいですよね。

私たちの日常では、どのような理由があるにせよ、待ち合わせの時間に遅れることや、約束を果たせないことなど、相手に謝るべき場面が、いつ起こっても不思議はありません。

そんなとき、謝るべき側が、どのように振る舞うかによって、その後の関係性になんらかの影響を及ぼすと言えるのではないでしょうか。

仮に午後3時に、あなたは友人とカフェで待ち合わせをしているとします。その友人が待ち合わせ時間になって、「3時15分には着きます！」という一言だけのメッセージを、あなたに送ってきたとしたら、どのように感じますか。

相手との関係性や、その日に会うことの重要性（単におしゃべりをするのか、お金の貸し借りなどの相談なのか）、あるいは待たされることへの忍耐力や時間感覚の違いにもよって、人それぞれ感じ方はさまざまです。

しかし、「3時15分には着きます！」というメッセージだけを切り取ってみると、まず15分も遅れることに対して、申し訳ないという気持ちがあるようには感じられません。むしろ、相手を待たせていることを軽んじているようにも見えてしまいます。

結局のところ、遅刻した時間（待たせている時間）の問題以前に、「待ってくれている相手は心配しているだろう」「きっと、ストレスを感じているはずだ」「早めに連絡をすれば、少しは安心してくれるはずだから待ち合わせの時間の前にすぐ状況を伝えて謝ろう」「相手の貴重な時間を無駄にしてしまって申し訳ない」などと、相手の立場に立って想像しないまま、自分に都合良く振る舞う、厚顔無恥なところが問題なのかもしれません。

次に、職場で誰かに頼み事をするという設定では、どちらの伝え方のほうが、気分よく仕事を引き受けられるか想像してみましょう。

A：「こちらの資料を修正してください」

B：「繁忙期に申し訳ないのですが、こちらの資料の修正をお願いできますか？」

恐らく、Bを選ぶ人のほうが多いのではないでしょうか。とはいえ、「仕事なのだから、伝え方など関係なく、やるのが当たり前」という考えも確かに、おっしゃるとおりです。ただ、相手の気分を害さず配慮し、敬意を持ちながら頼み事をすることで、相手に余計なストレスをかけることなく、より効率的に集中して作業をしてもらえるというメリットがあるとすれば、Aのような頼み方をする理由はありません。

より効率的で気分良く協力してもらえる場面を重ね、互いに配慮し合える関係性を築くことで、職場の雰囲気や、仕事の結果が、明らかに変わってくることでしょう。

□丁寧な対応が、感情を落ち着かせる

アメリカのある研究で、雨の降る日に、駅の中で見知らぬ人に「雨のところ、すみません！　携帯電話を貸してもらえますか？」と謝罪をプラスして話しかけた場合と、「携帯電話を貸してもらえますか？」とだけ話しかけた場合を比較した、興味深い実験結果があります。結果として、全体で携帯電話を貸した人は約28％いたそうです。

その携帯電話を貸してくれた人の内訳は、「雨のところ、すみません！」と話しかけた群では83％、「貸してもらえますか？」とだけ話しかけた群は17％だったのです。

つまり、相手にお願いするときに、「〜してください」というだけのときよりも、「すみません」「申し訳ないのですが」といった一言（謝罪）をプラスするほうが、難しい依頼に対する承諾を明らかに多く得ることができたわけです。

これは、あくまで実験の一例ではありますが、日常を振り返ると、会話やメールで「お忙しい時間帯に、ごめんなさいね」「お手数をおかけして申し訳ございません」など、こちらの状況を察してくれていることがわかる謝罪の言葉を最初に伝えてくれる人とは、気持ちよくやり取りができると感じられるのではないでしょうか。

プライベートでは、待ち合わせに5分くらい遅れたとしても、家族や友人でしたら、許容範囲で、憤慨するまでにはいかないかもしれません。

とはいえ、そんな近しい関係性だからといっても、「こちらから誘っておきながらごめんね」「荷物が多いのに、お待たせしてごめんなさい」「寒い中、待たせてしまってごめんね」などと、伝えてくれたらどうでしょう。

自分との約束に対して相手が丁寧に対応してくれていることがわかるだけで、感情が落ち着き、より寛大な気持ちでいられるように思えます。

また、たまたま遅刻した理由が、天災や電車の事故など、あなたに非がないことだとしても、あえて「ごめんなさい」と謝れる人は、状況に合わせて、自分がどのように振る舞うことが求められているのか、相手の心情をとらえる的確な判断力があることを示しているといえます。

しかし、そうした状況で、一切、謝らない人というのは、状況や相手の心情をとらえることが未熟で、不要なプライドだけは高いとさえ見られる可能性もあります。

また、約束事を果たせそうにないとき、謝ることをせず、「少し遅れます」「明日には間に合わせます」などと、曖昧にして責任逃れをする場合は、次の約束は保証されないと考えたほうが良さそうです。

「謝ったら負け」などという小さなこだわりを捨てて、素直に謝れるということは、その人が、コミュニケーションで他者への配慮ができるほどに成熟した内面を持つ人物であることを強力に物語っているのです。

年齢や経験を重ねていっても、お互いに必要な場面で、清々しく謝れる人を目指していきたいものですね。

まとめ

□「ごめんなさい」「申し訳ないのですが」といった一言（謝罪）をプラスするほうが、難しい依頼に対する承諾を明らかに多く得ることができる

相手に踏み込んでこそ会話が弾む

今から頭の中で、百貨店のお財布売り場で商品を見ているあなた自身を想像してみてください。

そこで、たまたま、あなたのすぐ近くにいる、お客様と店員の接客場面で、以下のような2種類の会話が聞こえたとします。

その2種類の会話を比べたとき、あなたは何を感じるでしょうか。

【気持ちを冷めさせる会話例】

客「あのー、ふたつ折りの皮の財布を探しているのですが…」

店員「こちらが、ふたつ折りの財布のコーナーです」

客「こんなに種類があるのですね」

店員「そうですね」
客「……」
店員「こちらは新商品です」
客「あー、そうですか」
店員「こちらは一番、売れているものです」
客「へー」

【血の通った会話例】

客「あのー、ふたつ折りの皮の財布を探しているのですが……」
店員「はい、ありがとうございます！　こちらが、ふたつ折りの財布のコーナーです。ちなみに、お客様のお好みの色や、ご希望のカードポケットの数などはございますか？」
客「そうですね、いつも黒が多いので、別の色もいいかなと思っています。カード入れは、4つくらいあれば十分です」
店員「かしこまりました。ちょうど今、お客様が持っていらっしゃる傘の色が明るいグリーンで素敵なので、今年のトレンドカラーでもある少し深みのあるグリーンの色味で、4つのポケットがある、こちらの商品などいかがでしょうか?」
客「あっ、いいですね」
店員「ちなみに、お客様が普段から、そちらのようなおしゃれな小さめのバッグ(客のバッグを示して)を愛用されているようでしたら、よろしければ、お手持ちのバッグに収まるかどうか、実際に試されてみるのはいかがでしょう?」
客「はい、ぜひ!」

前者の会話例は、後者と比べ、互いに話す場面(ターン)の回数は多いのですが、後者の会話例のほうが、お客様にとってスムーズに購買の意思を決定できる会話の流れがあり、納得した着地点につながっていることがわかります。

本書の前半でも述べている、こうした「血の通う会話」と呼べるような、相手の心情を汲み取った会話には、いくつかの要点を通過することが求められます。そこには、相手に対して踏み込むための観察力と行動力など、それなりの労力をかけることが必要ですが、実践しやすいポイントに沿った3つのステップ(流れ)を紹介いたします。

1．踏み込むための観察力

相手の特徴（良い点、課題や悩んでいると思われる点など）を、視覚的な情報や、言語的な情報などからとらえつつ会話する。観察するためには、出会ったときに「最近、お忙しかったですか？」と尋ねたり、スポーツウェアを着ている人には「ジムの帰りですか？」と、興味を持って質問をしてみる。

帰り際に「来月は、出張などのご予定があるのですか？」などと、少し先の予定について相手から話を聞いてみると、さらに相手のことを知るきっかけを作り、次回会うときの会話で生かすことができる。

2．踏み込むための表現力

唐突に話し始めるより、「もしよろしければ」「そうそう、ひとつ気づいたのですが」など、ワンクッション置いて自然に話し始められるよう工夫する。

自分よがりのアドバイスや正論は話さない。相手が求めていることを観察し、相手の状況に沿って、相手の言動を引用（『〇〇さんがおっしゃったように』など）し、共感（『〇〇さん、それは確かに悔しいですよね』など）、賞賛（『〇〇さんが持っている扇子、とても素敵ですね』など）などを適宜、用いる。

3. 踏み込んだあとの調整力

「野球を始めたきっかけは、学生時代に野球少年だった父の影響です」などと、相手が話したら、「へー」「あー、そう」「いいですね」などという反応だけで終わらせず、「へー、お父様の影響で野球を始められたのですね。そうしたら、お父様もきっと嬉しかったでしょうね」などと、エピソードに寄り添った一言を加える。

相手に踏み込んで質問をしたはいいが、素っ気ない反応では意味がない。会話で踏み込んだあと、話を聞かせてくれたことへの感謝の気持ちで、相手の話したエピソードを丁寧に受け止め、寄り添い、「ちなみに、（野球は）今も続けていらっしゃるのですか？」などと、話を広げられる展開に調整していく。

会話中は、相手の様子や、言葉の意味、話している内容などを、情報としてのみならず、その瞬間に感じた心の機微も併せて大事にしましょう。それと並行して、瞬時に熟慮しながら相手への一言を考え抜き、それを伝えて深い会話へと一歩、踏み込むことで、血の通ったコミュニケーションが成り立ちます。

踏み込むための3ステップを着実に行うことで、うまくいく場合もありますが、相手によっては「そこまで踏み込まないでほしい」と、ためらう人もいるでしょう。

そんなときには、すぐに素直に謝って、踏み込んだ足を戻して、相手との距離感を改めて調整し直せばいいのです。

踏み込まれてもいいコミュニケーションのタイミングや距離感が、一度でぴたりとわかることなど、ほぼありません。けれども、相手をよく見て、丁寧に言葉を紡ぎ出し、踏み込む勇気を諦めずに試している人は、そうした地道な努力により、大切な人や、なかなかつながれないような特別な人たちとの関係性を実らせるセンスやスキルを着実に身につけられるようになるのです。

まとめ

□相手に踏み込むための観察と想像力を活かせば、相手が納得しやすい「血の通った会話」に発展できる

［参考文献・資料・HP］

第1印象の記事『First impression effects in organizational psychology.』（Swider, B. W., Harris, T. B., & Gong, Q. /2022）
▶https://psycnet.apa.org/record/2021-50716-001

第1印象の記事『Five Strategies for a Fabulous First Impression』（Thomas G. Plante/2012）
▶https://www.psychologytoday.com/intl/blog/do-the-right-thing/201203/five-strategies-fabulous-first-impression

瞬間的な判断の記事『Snap judgments decide a face,s character, psychologist finds』（Chad,Boutin, Princeton University/2006）
▶https://www.princeton.edu/news/2006/08/22/snap-judgments-decide-faces-character-psychologist-finds

『Think CIVILITY「礼儀正しさ」こそ最強の生存戦略である』クリスティーン・ポラス（著）／夏目大（訳） 東洋経済新報社

面接官のうなずきの記事『Interviewer head nodding and interviewee speech durations.』（Matarazzo, J.D., Saslow, G., Wiens, A.N., Weitman, M., & Allen, B.V. /1964）.
▶https://awspntest.apa.org/doiLanding?doi=10.1037%2Fh0088571

マインドフルリスニングの記事『Using empathy to listen instead of offering advice』（Elizabeth Dorrance Hall/2017）
▶https://www.psychologytoday.com/intl/blog/conscious-communication/201703/mindful-listening

『LISTEN——知性豊かで創造力がある人になれる』ケイト・マーフィ（著）／松丸さとみ（訳）日経BP

『受容と共感は、本当は難しい～クライアントが求めているモノ～』（福田倫明・東京大学保健センター）
▶https://www.jasso.go.jp/gakusei/publication/dtog/__icsFiles/afieldfile/2021/02/17/daigaku515_06.pdf

『現代医療における医師－患者関係の問題点とその克服』（鮫島輝美・京都大学 /2010）
▶https://www.jstage.jst.go.jp/article/jjgd/27/0/27_33/_pdf/-char/ja

『共感性研究の意義と課題』（長谷川寿一・東京大学 /2015）
▶https://www.jstage.jst.go.jp/article/sjpr/58/3/58_411/_pdf

『Nonverbal Behavior in Interpersonal Relations（6th Edition）』Virginia Peck Richmond（著）／James C. McCroskey（著）／Mark L. Hickson（著）Allyn & Bacon

『カール・ロジャーズに学ぶ「聴く姿勢」』（斧原藍・立命館グローバル・イノベーション研究機構 /2020）
▶https://www.ritsumeihuman.com/essay/essay-2405/

『語りの傾聴における共感の深さと応答の種類の関係』（伊藤滉一朗・名古屋大学、村田匡輝・豊田工業高等専門学校、大野誠寛・東京電機大学、松原茂樹・名古屋大学／2020）
▶ https://www.anlp.jp/proceedings/annual_meeting/2020/pdf_dir/P6-22.pdf

『患者の物語りに耳を傾ける医療』（深井穫博・深井保健科学研究所）
▶ https://www.fihs.org/hoken2_1.html

人の知覚過程の探求の記事『Explorations in the process of person perception: Visual interaction in relation to competition, sex, and need for affiliation.』（Exline, R.V. /1963）
▶ https://psycnet.apa.org/record/1965-07500-001

『自閉症児における共感獲得表現助詞「ね」の使用の欠如』（綿巻徹・愛知県心身障害者コロニー発達障害研究所 /1997）

『女性のことば・職場編』 現代日本語研究会（編集）

傾聴の力の記事『The Power of Listening in Helping People Change』（Guy Itzchakov and Avraham N. (Avi) Kluger/2018）
▶ https://hbr.org/2018/05/the-power-of-listening-in-helping-people-change

『文脈情報としての姿勢が表情認知に及ぼす影響』（渡邊伸行 / 新宅由紀乃 /2020）
▶ https://www.jstage.jst.go.jp/article/ems/6/1/6_ES608/_pdf/-char/ja

『NVC 人と人との関係にいのちを吹き込む法 新版』 マーシャル・B・ローゼンバーグ（著）／安納 献（監訳）／小川敏子（訳） 日本経済新聞出版社

『プライドの社会学』 奥井智之（著） 筑摩書房

『幸福の心理学』
マイケル・アーガイル（著）／石田梅男（訳） 誠信書房

『人間関係はいかにwell-beingと関連するか』（遠藤由美、柴内康文、内田由紀子 / 関西大学）
▶ https://www.kansai-u.ac.jp/Keiseiken/publication/material/asset/chosa105/105-1.pdf

『Social Support and Physical Health』 Bert N. Uchino（著） Yale University Press

□おわりに

本書を最後まで読んでくださり、ありがとうございました。

タイトルの中に「シンプル」という言葉がありますが、本文にはいろいろなことが書かれていて、何から始めたら良いのか迷っている読者の方がいらっしゃるかもしれません。

そんなとき、著者の私が、最もお勧めしたい本の活用法としては、「やってみたいことから始める」ということです。

実際に、できるかどうか、結果がどうなるかについて、今は深く考えず、「これだったらできそうだ」「この言い方は、職場で使えそうだ」「あの人（特定の人）に伝えてみたい」などと、心が感じるままに、一度、試してみるのがベストだと思っています。

なぜならば、興味や関心があることのほうが、行動を起こしやすく、習慣化にもつながりやすくなるからです。ぜひ、あなたの直感を優先して、生活の中で何かひとつでも、「良き聞き手」や「反応力が高い人」になるための方法を実践してくださいましたら嬉しいです。

ただ、直感といえば、「私は消極的な性格だからできない」「こんなことをしても意味がない」などという場合もあります。

もし、そのように思う人がいらっしゃれば、一言、「それは、あなたの思い込みではないですか？」と、私は反応するでしょう。

私自身、思い込みによって、自信を持ちづらいコミュニケーションの場面で躊躇したり、不安になることもあります。けれども、冷静になって考えてみると、その根拠のほとんどが、自分が勝手に思い込んでいるだけのことだと気づかされるのです。

対人関係の中で、失敗することや恥をかくことをできれば避けたいと思うのは、人の常です。ところが、そのように避けようとするほど、自分の発する言動のエネルギーのようなものが弱まり、相手との距離感を近づけたり、説得できるチャンスを遠ざけてしまうことを実感しています。

きっと、「失敗するかもしれないし、恥をかきたくない」という思い込みが厚い壁となって、相手も、こちら側に近づきづらいからなのかもしれません。

だからこそ、コミュニケーションには、考え方にも、表現法にも、そして勇気を持って行動してみることにも、シンプルさが必要なのだと実感しています。

相手の気持ちには熟慮するのですが、その他のことについては、「とりあえず、やってみよう」といった、前向きで潔い、シンプルな基準を持ってみると、軽やかに自分を動かせる気がしています。

あなたと本書が出会えたことに感謝しつつ、読者の方の思い込みという名の壁を取り払い、より豊かな人間関係につながる会話の時間が増えていきますことを、かげながら応援しています。

もし、本書を通じて、何か良いことが起こりましたら、私のインスタグラムに、ぜひ、お気軽にコメントをしてください。その際、本を読んでくださり、大切な出来事をシェアしてくれたことへのお礼の言葉を伝えられたら光栄です。

最後になりましたが、本書を書くにあたり、未熟な私に、これまで貴重な経験をさせてくださったすべての皆さま、そして、担当編集者の小島一平さんは、常に読者の方の細やかな目線で、多くの気づきを与え続けてくださり、お礼を申し上げます。

また、社会人学生として卒論の執筆を抱えながら、本書の執筆に集中できたのは、おおむね元気でいてくれて、いつも励ましてくれた家族のおかげです。本当にありがとう。

コミュニケーションという領域で活動するコンサルタントとして、少しでもどなたかのお役に立てるよう、今後も一層、努力してまいりますので、どうぞ、末長く、よろしくお願いいたします。

2023年11月

吉原珠央

吉原珠央（よしはら たまお）

1976年生まれ。コミュニケーションコンサルタント。日本行動分析学会会員。ANA（全日本空輸株式会社）、証券会社、人材コンサルティング会社などを経てコミュニケーションを専門とするコンサルタントとして2002年にDC&ICを設立。ビジネスパーソン向けの研修や、講演活動などを実施。『自分のことは話すな 仕事と人間関係を劇的によくする技術』『その言い方は「失礼」です！』（幻冬舎新書）など著書多数。

シンプルだからうまくいく 会話のデザイン

著者　吉原珠央

2024年1月10日　初版発行

装丁　森田直（FROG KING STUDIO）
校正　東京出版サービスセンター
編集　小島一平（ワニブックス）

発行者　横内正昭
編集人　岩尾雅彦
発行所　株式会社ワニブックス
〒150-8482
東京都渋谷区恵比寿4-4-9えびす大黒ビル
ワニブックスHP　http://www.wani.co.jp/
（お問い合わせはメールで受け付けております。
HPより「お問い合わせ」へお進みください）
※内容によりましてはお答えできない場合がございます。

印刷所　株式会社光邦
DTP　有限会社Sun Creative
製本所　ナショナル製本

定価はカバーに表示してあります。

ISBN 978-4-8470-7282-6